鈴木和幸

クリーニング業界の裏側

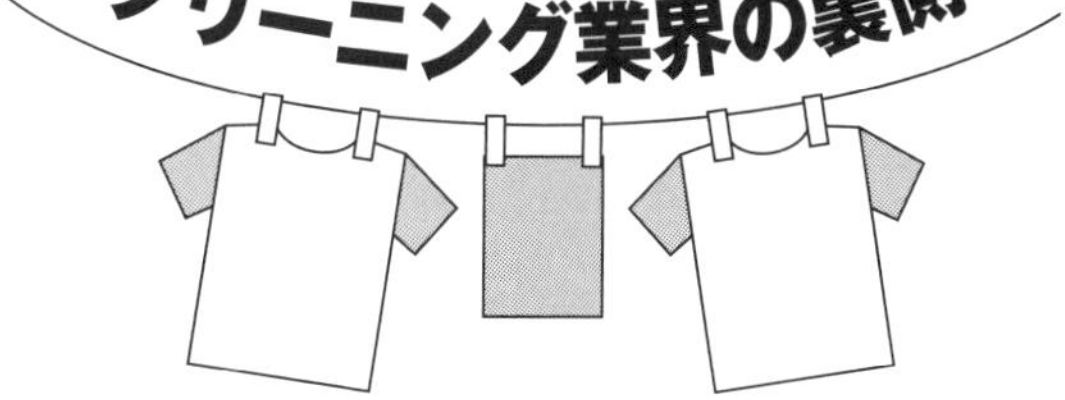

緑风出版

目　次

クリーニング業界の裏側

第6章　クリーニング業界改善の処方箋　207

まえがき

日本中に一〇万軒以上もあるクリーニング店。毎日、多くの人がクリーニングを利用している。クリーニングは日本で特に発達した職業であり、店舗の数も、総売上も、日本が世界で第一位。日本は世界に冠たるクリーニング大国だ。

しかし、クリーニング業界の裏側は、業界以外の人々には全く知られていない。クリーニングの世界には知られたくない問題がたくさんある。「クリーニングはブラックボックス」という言葉があるが、これは、クリーニング工場の中では、何をしているのかわからないという意味がある。

クリーニングは昭和三十二年に施行された「生活衛生関係営業の運営の適正化及び振興に関する法律」（以下、生衛法という）によって管理されている。この生衛法は施行された時代を反映して作られており、その当時は機能していたものの、六十年過ぎた現在では全く時代に合わない、悪法と化している。

そのため、クリーニング業界は悪質なブラック企業が跋扈《ばっこ》する世界になってしまった。彼らは自社の従業員を不当な労働基準法違反の労働で苦しめているばかりか、おかしな商法で多くの消費者をも欺いている。一般のブラック企業は顧客満足のため従業員を犠牲にするが、クリーニングの場合は消費者も犠牲になるのだ。とてつもなく悪質である。

本来なら、こういった不正行為は管轄する行政や行政が認可する業界団体が正すべきだが、彼らはブラック企業が多くの人々に迷惑をかけているのを知りつつ、見ないふりを続けている。そしてこの問題には、行政ばかりか政治も絡んでいる。

また、これまで合法的なやり方を続けていた既存の業者も、ブラック企業が不正な商法を繰り返し、それを誰も止めないような状況の中、生きるためにブラック企業の手法をまね、やがて不正な商法が業界全体に蔓延していく。

このままでは消費者が迷惑を被るばかりであり、クリーニングで働く人々が外国人も含め苦しめられるばかりで、この業界の未来はない。

しかし、そうは問屋が卸さない。

創業から百年近く続く古いクリーニング会社の三代目社長である私は、会社とは別にNPO法人クリーニング・カスタマーズサポートを組織し、クリーニング業界の問題解決に取り組んでいる。魑魅魍魎《ちみもうりょう》溢れるクリーニング業界に切り込むのは大変だが、悪い奴をやっつける快感はたまらないものがある。この本は、そういった当NPOの活動を紹介し、クリーニング業界の問題の数々を明らかにする。

なお、これはクリーニングの世界に限った問題ではない。生衛法は生活衛生関係営業と呼ばれる業種全体を管轄しており、理美容業（理容業と美容業）、あらゆる飲食業、ホテルや旅館業、一部の食品販売業などに広くかかわっている。クリーニング以外の世界もかなり近いものがあり、この業種にブラック企業が集中していることもわかる。

ブラック企業は現在の社会でもっとも深刻な問題だ。ブラック企業をなくさなければ、日本の将来は暗いものとなる。そういったブラック企業の生態や対策についても詳しく説明している。クリーニングの事例から、他業種の同様な問題の解決の参考にもなれば幸いである。

第１章

ＮＰＯ法人クリーニング・カスタマーズサポートの設立

1　クリーニング業界への疑問

私は一九二〇年（大正九）年に創業した古いクリーニング業者の家で生まれた。祖父は福島県郡山市のクリーニング店で修行後に独立、隣の須賀川市で開業している。当時はクリーニング店を西洋洗濯店と呼んだが、この須賀川市にはまだクリーニング店がなく、社会が次第に欧米化し、需要が急速に伸びる中、店はたちまち繁盛したという。祖父はやがて結婚、次男として私の父が生まれた。

父は兄に当たる長男の死により、商売を継がざるを得なくなったが、昭和四十年代になるとクリーニング業界も機械化が進み、大手業者の時代が到来、父は時流に乗って工場を建て、営業車を走らせ、取次店を次々開店させ、会社は徐々に大きくなった。

私が生まれた頃、祖父も父も健在だったが、職人時代を生きた祖父と企業化した父とは水と油であり、意見は全く合わなかった。父も祖父から独立するように家を離れ、クリーニング会社を設立した。私は小さい頃から父が事業を拡大していくのを見続けて育った。

学生時代が終わり、これといった企業への希望がなかった私は必然的に家業を継ぎ、一年間、当時隆盛だった他の会社で修業した後（「修業」といっても営業車に乗って営業だけを行った一年だった）、家に戻り、隣町の郡山市に作ったばかりの新工場を手伝い、採算ラインに乗せるため努力した。これが数年で軌道に乗ると、今度は会津若松市に工場を建て、ここでは工場の周辺地域に多くの取次店を建てるため孤軍奮闘して営業を続けた。その甲斐あって二年後には採算に乗り、その頃知り合った妻とも結婚した。

三十歳になる頃、父の紹介でクリーニング団体の青年部に入るよう促された。日本のクリーニング業界は個人業者と大手とに二分され。個人業者はほとんど家族だけで営業する小さなクリーニング店であり、大手は工場を作り、廻りにたくさんの取次店を立てる運営方式を行っている。業者の規模はさまざまで、工場が一つだけのところもあれば、何十カ所も運営する大きな会社も存在する。この団体は、大手業者が中心の組織だった。

行ってみると、年に三、四回ほどの研修会が行われ、全国の業者が集っていた。大いに勉強になる上、日本中に行くことができる。私はこの団体に行くのが楽しみになり、やがてこの団体の青年部部会長にもなった。各地の業者と交渉して見学させてもらう研修会を催したほか、専門家を呼んで勉強会なども開催した。こういったことで勉強させられ、自分の会社も四〇店舗、従業員数一四〇名くらいにまで成長した。

そういう私は、以前よりクリーニング業界に疑問を持っていた。クリーニング料金に関して、自分の会社はそれなりの代金を顧客から徴収している。ワイシャツなら一五〇円（当時）、平均単価も三六〇〜四〇〇円くらいである。業界団体で親しくしている業者達もおおよそ同じくらいだ。ところが、当業界にはワイシャツを九〇円とか八〇円、一般衣料は二五〇円均一などというところがある。しかも、そんな会社がどんどん発展している。

かれらはなぜ発展できるのだろうか？　特殊なノウハウがあるのだろうか？　業界団体ではいつも見学会などを行うが、安売り業者達はまず見学させないし、通常の業界組織にも加盟していない。秘密が多く、その正体を知ることはできない。

クリーニング屋さ〜ん！ 信じてたのに……

ドライマークも「自分でクリーニング」が正解
クリーニング屋さんに出したのに、いまいちきれいにならない…という読者からの声が数多く寄せられたので調べてみたら……。

大切な服が真っ黒なドライ溶剤の中で洗われている!?

変なシワは機械仕上げのせい!?

シミがついた服は、なんの努力もなしで「落ちませんでした」

あまり汚れてない服は乾燥しただけで包装して返す!?

ドライ溶剤の残りで皮膚障害!?


「洗っていないクリーニング業者がいる」とした雑誌記事。当時は大きな話題となった（『MUFFIN』1999年1月号、小学館）。

一九九九年、当業界に大きな事件が起こった。大手出版社が発行した婦人向け雑誌に、「あまり汚れていない服は乾燥しただけで包装して返す!?」という記事が載ったのである。

これは当時販売が開始された「ドライクリーニング表示が洗える洗濯機」紹介のため、既存クリーニング業者を批判する内容が盛り込まれた特集記事だった。「ある大手業者に勤めていたという人に聞いたのですが、その工場では洗濯物が届くと、洗うものと洗わないものに仕分けするんだそうです。洗わないものとは、あまり汚れていないもの。洗濯機にかけてにおいだけを取り、そのまま包装して返してしまうそうなんですよ」と書かれていた。

この記事によって業界は大騒ぎとなった。業界団体の理事だった私は雑誌社にコンタクトを取り、編集者に事の真偽を確かめた。彼らの応対は完全にクレーマー扱い、けんもほろろだったが、確かな取材に基づき、紛れもない事実を書いたものとして全く譲らなかった。ここは大手出版社であり、根拠のないウソを書くとも思えない。どうやらこれは事実の様だ。その後、同様な行為で保健所から業務停止を食らった工場のこととか、他社に移った作業員が同じことを行《や》って工場長に怒られたとか、証言がいくつか出てきた。こういった手法を「空気洗い」という、などと仰天のノウハウを語る人も出てきた。

この事件があって以来、私はクリーニング業界に、とてつもない手抜きやインチキをする人がいると疑いを持つようになった。クリーニング業者が客から預かった衣類を洗わなかったら話にならない。低価格を実現し、競争相手に打ち勝つためには、どんなことをしてもいいのか。

私は子供の頃から父の背中を見て育ってきた。会社が大きくなると、必然的に父にはJC（青年会議所）や商工会議所など地域組織で役が付き、交際範囲が拡大し、社会的立場が大きくなる。会社の経営者はみんなそうなのだと思った。しかし、およそクリーニング業界においては、自社よりもはるかに大規模な会社であっても、業界外の人とは誰とも付き合わないような人がいる。そういう同業者が多いのには驚かされた。自分のようなタイプは業界ではむしろ少数派で、多くの業者達が自分達だけの秘密を共有しているようにも感じられた。

2　建築基準法問題との遭遇

二〇〇八年、福島県にクリーニング業界三位（当時）という大手業者、ロイヤルネットワーク株式会社（以下、ロイヤル社）が進出してきた。ロイヤル社は東日本各地に進出し、他社には脅威と見られる有名な低価格業者であり、多くの地元業者が不安を感じた。やがて、ロイヤル社は福島市、郡山市、会津若松市の三市に工場を構え、その廻りに店舗を次々と建てた。

だが、彼らが開設した三つの工場のうち、会津若松市の工場は街中にある。調べてみると都市計画法で定める用途地域の種類でいうと「近隣商業地域」の場所である。

これはおかしい。ほとんどの業者は石油系溶剤を使用しているが、建築基準法では、引火性のドライクリーニング溶剤が使用できるのは工業地域のみであり、商業地域、住居地域では禁止されている（都市計画法に基づく用途地域の用途制限は建築基準法で定められている）。ただ、用途地域が決まったのは昭和四十五年頃なので、それより前から営業しているところは既得権を持ち、拡張しないことを条件に使用が認められている。新しい工場で石油系溶剤を使用することはできない。役所へ申請しても、不許可になるだけだ。

県の建築指導課を通じ、情報開示制度を使用してこのことを確認したら、ここでは大阪の業者が開発した大変特殊な溶剤を使用しており、それは非引火性なので許可が出たという。しかし、そんな溶剤は聞いたことがない。そんな素晴らしい溶剤があったら、業界中に広まっていただろう。クリーニング業界に精通した私が知らないのはおかしい。

そこで、この溶剤を製造販売している大阪の業者に連絡し、どのようなものか聞いてみたが、唖然とするような答えが返ってきた。

「あっ、それね。工場に三つ四つ一斗缶を置いておけば、バレませんから」

当たり前のようにいわれた。要するに「非引火性溶剤」というのは、クリーニング工場が商業地や住宅地に進出するための、行政を欺くゴマカシ、ということだ。言い方があまりにも「当然でしょ」という雰囲気だったので、呆れてしまった。

ともかく、これは紛れもない法律違反である。ロイヤル社は石油系溶剤の使用できない場所に工場を建てるため、行政に虚偽申請したということである。私は知り合いを通じてマスコミにこのことを連絡し、よく調べてもらい、こちらも証拠を揃えた。ロイヤル社はこちらの動きに気付き、資材業者達にも連絡して必死に隠蔽工作を行った。資材業者が証拠を示さないので、なかなか捜査は進まなかった。

石油系溶剤は、専門業者がガソリンを運ぶようなローリー車でクリーニング工場へ搬入する。ところが、ロイヤル社会津工場にそのローリー車が来ない。監視カメラまで設置したが見つけられない。本当に使用していないのだろうかと焦った。ロイヤル社には優れたノウハウがあるから、ここまで拡大したのかとも思った。

しかし、衣料品に残留する微量な石油系溶剤を検知する装置を購入し、ロイヤル社に厚手のスーツを出して検査すると、明らかに石油系溶剤が検知された。その後、この工場にはロイヤル社の別の工場から密かにポリタンクで溶剤を搬入していることがわかった。露骨な隠蔽工作である。

果たして二〇〇九年七月、朝日新聞を初めとする新聞各紙はこの違反問題を社会面トップで扱い、ロイヤル社の違反行為が世に知らされた。ロイヤル社の取締役常務執行役員（後の社長）は、「認識不足だった。悪意はない」などと弁明したが、ロイヤル社の建築基準法違反は会津だけの問題ではなかった。各都道府県の建設事務所は、朝日新聞でロイヤル社の違反が報道された後、一斉にロイヤル社の工場を検査し、

37 社会 13版▲ 2009年（平成21年）7月11日 土曜日

「うさちゃんクリーニング」

禁止溶剤使用の疑い

業界3位

2歳児死

朝日新聞はこの不祥事を社会面トップで扱った（『朝日新聞』2009年7月11日付）。

約半数に当たる二四カ所の工場で違反を指摘した（すべて石油系溶剤による建築基準法違反）。違反工場はドライ機の使用を禁じられ、ロイヤル社はそれら工場でドライクリーニングができなくなる不便を強いられた。

一週間後、朝日新聞は「違法溶剤の使用隠す。二県で虚偽報告」とロイヤル社の悪意を告発した。これは紛れもない故意の不正行為だった。ロイヤル社は、会社を挙げて違法行為を行っていたのである。極めて悪質である。

この後、私は上京し、クリーニング業界団体の会合に出席した。ロイヤル社は各地で競合他社を脅かしている存在だったので、打撃を与えた私は歓迎されると考えていた。私は自信満々で会に臨んだ。

しかし、周囲の雰囲気は妙によそよそしい。多くの人々の表情は晴れやかではなかった。彼らの一人が私に話しかけてきた。

「鈴木さん、ロイヤル社の件は、鈴木さんが絡んでいるのか？」

私は当然といわんばかりに答えた。

「そうですよ。いろいろ証拠を揃えて、なかなか大変でしたが……」

この人はやっぱり、という顔つきになり、みるみると顔を曇らせた。

「君は偉いことをしてくれたね。私たちの工場は、たいがい建築基準法に違反してるんだよ」

私は唖然とした。不正な安売り業者にはある程度違反をしているところがあるのだろうが、日頃付き合っている、普通の業者までもが違反しているというのか……。

これはおかしな話だ。私たちが新しく工場をオープンするとき、必ず建築確認を取るため行政に書類を提出する。そのとき違反があれば指摘されるはずだ。そういう中で、なぜみんな違反しているなどというのか?

この理由は徐々にわかってきた。法律に従ってクリーニング工場を建てると、石油系溶剤を使うため、工業地帯にしか建てられない。そうすると、そこはほとんど工場としての役割しか機能しない。しかし、人が多く集まる街中、用途地域上は住宅地、商業地に建てれば、工場だけでなく店舗としても売上が期待できる。この方法なら収益性は高く、ライバルに対して有利になる。一人、また一人と不正に手を染め、建築基準法違反は業界に蔓延した。この違法行為は、過当競争の中で生まれた禁じ手の営業手段だったのだ。

クリーニングの世界では昭和四十年代から価格競争が続き、各業者がしのぎを削って競争している。厳しい争いの中で、徐々に不正に手を染める業者が現れ、やがてそれが業界全体に広がっていったのである。低価格競争から不正な手段に手を染めるというパターンがこの業界には多い。

また、家族だけで営業する零細な個人業者にも、違反している業者が多くいることもわかった。こちらは大手業者とは事情が違い、全国で用途地域が決定した昭和四十五～四十七年より以前から操業し、法的には既存不的確として既得権が認められていたものの、行政が四十年近くも放置したため、その間に家を増築したり、移転した場合も違反になった。こちらは悪意こそないが、違反に変わりはない。ともかく、大手も個人も実は違反だらけだったのだ。

この年の末、今度は業界二位の上場クリーニング企業、「きょくとう」が朝日新聞によって同社の約二〇軒の建築基準法違反を報じられた。これにより翌年初頭、国土交通省は重い腰を上げ、全クリーニング所を調査すると発表した（作業が行われている所のみ、受け付けるだけの店舗は除く）。まもなく、クリーニング業界は大混乱に陥った。多くの業者が明日から作業できなくなってしまうかも知れないという危機感を持った。

このようなことから私を逆恨みし、「あんたのせいだ」などと詰め寄ってくる業者もいた。この一件により、私をよく思わない同業者が増えた。この不正行為は大手も個人も問わず、まるで「業界標準」であったかのように多くのクリーニング業者によって行われていた。これは業者だけの責任ではなく、四十年近くもほとんど放置状態だった国土交通省や、一時は他の溶剤から石油系溶剤への転換を業者に勧めていた厚生労働省にも問題があった。ただ、明らかに法に触れることを、多くの業者が行っていたことは紛れもない事実である。

同年九月十一日、国土交通省はクリーニング所の調査結果を発表した。全体の五〇・二％が違反状態と発表された。

　もっとも、違反発覚から調査まで約半年あったので、その間に摘発を逃れ、改善した業者もたくさんいたので、実際の違反は七、八割程度だったと推測される。業界の半分以上、大多数が違反という恥ずかしい結果が公表されたが、業界からは反省の弁が出たことは一度もない。

　石油系溶剤を使用するドライクリーニング洗濯機が火事によって引火すると、爆発的に燃焼し、付近の民家を危険にさらすことになる。一九九五年、県内の業者がこの火災事故により、後継ぎの長男の命が奪われたことがある。石油系溶剤の危険性は恐ろしいほどわかっていた。それなのに、業界全体が自分の利益のため申し合わせて法を破っていたとは……。私は愕然とさせられた。

　業界に対する考えが大きく変わった。安売りで発展する同業者は、不正行為、違法行為により発展していたのだ。

クリーニング業界全体の不安を伝える業界紙記事
（『全ドラ』2010年1月20日付より）

3　建築基準法問題の結末

二〇一〇年初頭、クリーニングの建築基準法違反問題が表面化し、国土交通省が全クリーニング所を調査すると報じられると、クリーニング業界は大混乱に陥った。行政も「悪質なら即是正」などというところも出てきて、違法状態で操業している業者達は不安を隠せなくなった。零細業者の団体では、「調査が来てもできるだけ冷静に対応するように」、「調査員を怒ったりしないように」など、妙な指示書まで回覧し、注意を促した。

ところが、ここで救世主？　が現れた。二〇一〇年二月二十四日、国会の国土交通委員会で、与党民主党の村井宗明という若い議員が「クリーニング屋さんがかわいそうだ。助けてあげましょう」と発言した。これにより、国土交通省の検査は大幅に緩和され、多くの業者が「見逃される」状況となった。それまで、「悪質な場合は即是正」といっていた行政が、全く態度を変えたのである。

このときの村井議員は、「皆さん、クリーニングではドライクリーニングで使用する石油系溶剤を、法律では工業地帯でしか使えないことになっています。でも、工業地帯にクリーニング店なんてないでしょう。多くのクリーニング屋さんがかわいそうな思いをしています」といった内容の説明をしている。クリーニング業者は零細業者ばかり、という一般認識を前提に、「かわいそうだから、助けてあげましょう」というレトリックによって、指導を緩和する方向に導いたようにも思われる。現実のクリーニング市場は八割を大手が握っているが、「クリーニングは零細業者ばかり＝かわいそうだから助ける」というわけである。現実をねじ曲げた発言とも取れるが、これによって安堵した業者も多かった。

村井議員はなぜこの様な発言をしたのか？　彼の言葉の通り、かわいそうな零細業者を助けるつもりで発言したのだろうか？　しばらくしてそれがわかった。この議員の後援会長は、日本海側で最大規模の大手クリーニング会社社長だったのである。この会社もロイヤル社同様に違反工場が多かった。そこで、自らが後援会長を務める村井議員に動いてもらった可能性が高い。

私はつてを頼ってこの村井議員を議員会館に訪ね、「あなたは違反している業者らに頼まれて国会であんな発言をしたのか」と詰め寄った。村井議員は焦った顔になり、横にいた秘書が「いや違う、（村井議員は）みんなのためにやった」と否定した。私の印象でいえば、図星だと思う。

こういった出来事を自ら取材して確認し、マスコミに相談したところ、取り上げてくれる雑誌社が出てきた。記事では「第二のＫＳＤ事件」とまで書くところもあり、それもあって村井議員は次期選挙で落選、その後すぐ政治家を引退した。しかしながら、この建築基準法問題に関しては、違反業者の追及はほぼ停止された。現在も多くの業者が違法状態のまま営業を続けている。

この問題は、クリーニング業界の悪しき体質を一般に知らしめた事件となった。クリーニング業者達は、明らかに不正とわかることを共同謀議のように業界内で隠蔽し不正を続けていた。また、発覚しても法律違反であるにもかかわらず反省もなく、「誰がバラしたんだ」と開き直る。本当に零細な業者は確かに助かったのかも知れないが、救われて違法操業を継続している業者の中には、行政にウソをついて不正を行

村井議員の行為を追及する雑誌記事（『FACTA』2011年3月号）。

った、ロイヤル社と同じことをした業者もたくさんいる。

若く有望な議員であった村井氏は、この問題をきっかけに政界を引退する羽目に陥った。多くの違法業者達はこの人によって救われたにもかかわらず、感謝している様子もない。まさに貧乏くじを引かされたのである。

この建築基準法問題は、業界における私の位置づけを大きく変化させた。この件により、同業者には私の印象はかなり悪くなったようだ。それまで私は業界紙にも頻繁に登場したり、クレーム関連で講演会を行ったりしていたが、それはほとんどなくなった。どうやら業界では疎んじられたらしい。

それと同時に、私のクリーニング業界への印象も大きく変化した。日本は法治国家なのだから、法律違反はおかしい。クリーニング業者は集団で不正を犯していたというのか？　今まで当たり前のように会っていた人も、そんなことをしていたのか？　この事件を契機に、私は業界の見方を大きく変えることになった。

4　温室効果ガスを「環境にやさしい」？

村井議員の発言により、廃業を免れた各クリーニング業者だが、法律が変わったわけではなく、違法操業に変わりはない。国土交通省はこの問題を各都道府県任せにした。そうなると、各地区の行政によって厳しく調査を行っているところもあったりして、違反している業者らは不安が隠せなかった。

業界で真っ先に摘発されたロイヤル社は、全国二四カ所の工場が違反と判断され、改善を要求されたが、うち一六カ所の工場は移転せず、ドライクリーニングの溶剤を非引火性の「ソルカンドライ」と呼ばれる溶剤に変更し、その後も操業した。建築基準法問題では、引火性溶剤の使用を止めれば後はおおむね問題はない。

ロイヤル社の行動により、ソルカンドライの販売会社は商機とみて一斉に売り出した。ドライ溶剤にはそれぞれ特色があり、溶剤だけ替えることはできず、機械ごと取り替えなければならない。ソルカンドライ用の洗濯乾燥機は一台一〇〇〇万円以上する高価なものだが、背に腹は代えられない業者にとってはそれでも購入するしかなかった。

ロイヤル社も転んでもただでは起きなかった。ソルカンドライを入れた工場の店舗では、「高級洗いのために開発された溶剤とマシーンです」、「最高級ホテルでも採用されています」、「人と衣類に、環境にもやさしい安全で安心なドライクリーニング」などとポスターやネットで盛んに宣伝した。行政に虚偽申請までして違法操業していたのに、バレた途端にこの開き直りである。

これに便乗してソルカンドライ洗濯乾燥機を販売する機械メーカーも、「ソルカンは環境にやさしい」と宣伝した。さらに厚生労働省の認定団体である全国クリーニング生活衛生同業組合連合会（全ク連）までソルカンブームに便乗した。厚生労働省も、ソルカンドライ洗濯機を購入する業者に、減税措置まで付けた。クリーニングを管轄する省庁として、業者の半分以上が違法操業しているという不名誉を少しでも払拭したかったのだろう。

彼らがソルカンドライを「環境にやさしい」とする根拠は、以前、液化フロンガスをクリーニング溶剤に使用していた時期があったが、これはオゾン層を破壊するので即刻取りやめになり、その代替として登場したのがソルカンドライだったので「オゾン層を破壊しない＝環境にやさしい」という単純論法だった。しかしよく調べてみると、このソルカンドライはＨＦＣ３６５ｍｆｃという代替フロンであり、地球温暖化係数が二酸化炭素の九〇〇倍以上という温室効果ガスだった。「環境にやさしい」など、全くのウソ！虚偽宣伝そのものである。現在これだけ地球温暖化が問題視されているというのに、「環境にやさしい」とは何をかいわんやである。

私は環境団体であるＷＷＦを訪ね、フロンガスなどに詳しいＮＰＯ法人「気候ネットワーク」を紹介してもらった。気候ネットワークにこの状況を説明すると、環境団体が連名で声明文を出し、クリーニング業界に対し警告を発した。世界的に深刻な問題である地球温暖化に関し、クリーニング業界がそれを推進し、あまつさえ行政は減税措置まで付けて普及を図っている。こんなバカな話はない。この問題は国会の環境委員会においても日本共産党の市田忠義議員が取り上げて追及した。

これに対し、クリーニング業界は全くの無視を決め込んだ。業界には業界紙が三紙あるが、いずれもこの問題を取り上げたところはなかった。環境団体はクリーニング業界団体をはじめ、業界紙各社にも情報を流したが、それでも何もしなかったのである。

建築基準法問題のときには、業界が共同謀議のように不正なノウハウを共有し、環境団体がクレームを付けても業界全体で無視を決め込む……なんだか私には、クリーニング業界全体が反社会的な集団なのかと思えてきた。

ソルカンドライを商機と見て展示会で大々的に売り出す業者のブース（2012年）

ソルカンドライは価格が高く、その上、油脂溶解力を示すKB値という数値も低く、すなわち洗浄力も乏しい。しかし引火性がないので、住宅地や商業地でも使用が可能である。価格が高いなどのハンディがあっても、立地のいい場所に工場を建てたいという少数派の業者がこの溶剤を使用していた。もともとは法律を遵守する真面目な業者のための溶剤だったのである。

ところが、行政に虚偽申請して石油系溶剤を使用することが当たり前になった。ソルカンドライは日の当たらない存在だったのだが、業界ぐるみの建築基準法違反が世間にバレた途端、「素晴らしい溶剤」に祭り上げられたのである。

しかし、違反業者達が使用したこのソルカンドライはその後それほど普及しなかった。違反業者の一時的な救済策にしかならなかった。理由は、洗浄力がほとんどなかったからである。キレイにならないのなら話にならない。しかしながら、洗浄力はどうであれ、世間一般が問題視して、国会でも取り上げられるような問題に対し、クリーニング業界は耳をふさぎ、自分達は世間とは関わりのないような対応をしたことの方に、この業界の異常さを見る思いがした。

5　繰り返される怪しげな手法

建築基準法問題と、それに続く温室効果ガス問題でクリーニング業界に呆れた私だったが、業界はなおも怪しげな手法、不正な方法を繰り返していた。

クリーニングには「シミ抜き」という仕事がある。衣料品に付いたシミを落とす作業だが、従来はクリーニング料金に含まれていたこの仕事が、知らないうちに有料になっていた。店員が受付の時点でシミを発見すると、その場でシミ抜き料金を徴収するのである。

シミには、洗っただけで落ちるものも、専門家でないと取れないものもある。それを最初から一律で追加料金とするのはおかしなことである。

調べてみたら、この一律のシミ抜き追加料金の徴収行為は消費者契約法（同法第四条一項及び二項）に抵触する恐れがあるという。店員にはシミが落ちるか落ちないかの判断もできないのだから当然である。私はこれを業界団体の機関誌で紹介したが、このシミ抜き追加料金は一向に納まる気配がない。客から安直に追加料金を取ることができて、あまり苦情がないからだろう。

また店頭に「半額」と表示した店がやたらと増えた。クリーニングで一番品が集まるセールが「半額セール」なので、一年中「半額」になってしまったのである。ネットの画像検索サイトで、「クリーニング」、「半額」と入力すると、おびただしい数の半額業者が出てくる。

だがこれは、景品表示法（不当景品類及び不当表示防止法）の二重価格に相当する。ほとんど半額で受け取っているのなら、実質は半額の価値しかないということだ。それでも、「半額」は止まらない。

初めて来店した客に、「御新規様」と特殊なタグを付けて出荷する行為が流行したこともある。これは、初めて出した客が今後も続けて利用してもらえるように「特別丁寧に」仕上げる方法である。クリーニング屋はいいと思ってやっているのかも知れないが、常連の客からしたらいい迷惑だ。二回目以降は適当に仕上げているとも取れる。これも、一時はだいぶ行われた手法である。

このように、クリーニングの世界では明らかな法律違反やモラルに欠ける行為でも、業界全体に広まり、多くの業者が手を染めていく。そのくせ、なにかの機会に表沙汰になると、申し合わせたように一斉に消えてなくなる。

私はあまりにこんなことが続くので、いい加減ウンザリしていた。自分も同類と思われることが腹立たしかった。こんな折り、高校、大学時代の先輩に当たる方から、「それなら、

私たちのお店へようこそ！ **御新規様**

最初の客に取り付けるタグ。結構多くの業者がやっていた。

本を出版してみればいいじゃないか」と提案された。現在考えていることを書物にし、世に問うてみたらいい、とのことだった。この先輩は芸術分野に造詣の深い方であり、出版社もたくさん知っていた。

私はこれまでにも私は何冊か本を出していたので、早速執筆に取りかかった。完成した書籍は、二〇一〇年の末、『ニホンを洗濯する・クリーニング屋さんの話』というタイトルで出版された。この本は日本図書館協会の選定図書に選ばれた。この様な栄誉は自分でも初めてのことで、大変感激した。

この時期、もう一つ嬉しいことがあった。以前私が書いた、外国人研修生（現・外国人技能実習生）について書いた小説『さよなら』が、同じ出版社の目にとまり、こちらも出版させてもらったのである。同じ時期、二冊も自著を発表したことで気分も大変良かった。いよいよ業界問題に取り組んでいこうと思っていた。

こういった気運はこの直後、二〇一一年三月十一日に起こった東日本大震災で一気に吹き飛ばされた。せっかくの二冊同時出版の勢いは完全に止まってしまった。震災は予知できないので仕方がないが、全くタイミングの悪い出版だった。

6　NPO法人の設立

震災の混乱が落ち着きだした頃、あるマスコミの方からアドバイスを受けた。

「あなたのような活動をしている人はあまりいない。いっそ、NPO法人を設立してみては……」

NPO法人？　考えてもいなかったので、一瞬驚いた。この人がいうには、業界の啓蒙活動のようなことは、個人でやるよりも団体でやった方がいいし、その方がマスコミも取りあげやすいとのことだった。確かに、違法が標準のようなクリーニング業界では、闘っていくにも一人では難しい。団体を立ち上げるべきであるのかも知れない。考えてみる価値は十分にあるだろう。

ＮＰＯ法人は社会のため役立つことをする組織だとも聞いた。会社という中で利益を追っていると、結局は不正競争の中に巻き込まれてしまう可能性もある。それなら別法人を立ち上げ、業界改善を専門として消費者や業界で働く人たちのために活動するのは実に望ましいようにも思える。

早速ＮＰＯ法人を立ち上げるノウハウ本を購入して読んだが、設立は結構難しいと書かれていた。手続きが煩雑であるらしい。ちょっと心配になったが、次に地元福島県でＮＰＯ設立を手伝うという組織に連絡し、話を聞いてみると、非常に丁寧に説明してくれ、当方の設立趣旨をおおよそ話すと、それなら大丈夫といわれた。目的に明確な社会貢献があるなら、それほど難しいことではないらしい。ここで、法人設立の踏ん切りはついた。この組織はその後の設立準備に関しても非常に協力的で、大いに助けられた。

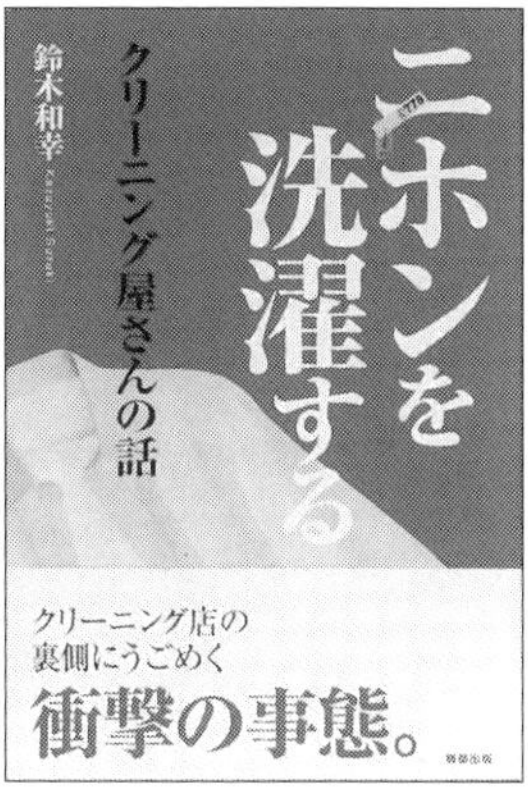

出版された自著『ニホンを洗濯する』（駒草出版、2010年）

早速、ＮＰＯ設立の趣旨を考えてみた。

日本のクリーニング業界はいびつな発展を遂げたため、消費者に正しい情報が届かず、ときに消費者が不利益を被ることがある。そこで、当ＮＰＯはクリーニングの正しいあり方を考え、すべての人が安心してクリーニングを利用できるよう努力していきたい。現在のクリーニング業界が異常であると思われるので、正常化を目指したいのである。
ＮＰＯの設立に当たっては、三つの柱を考えた。
①は消費者問題。近年のクリーニングにおいては、理不尽な追加料金、怪しげな加工、意味不明なサービスなど、消費者を惑わす怪しげな商法が横行している。そこで、それら不可思議な商法を紹介し、消費者の利益が保てるようにする。
②は業界問題である。建築基準法問題に端を発し、全くまとまらないクリーニング業界については、問題をどんどん提起していきたい。特に、厚生労働省と癒着関係にある全ク連に関しては、業界をおかしくしている元凶なので、より追及していきたい。
③は労働問題である。クリーニング業界で働く人たちは、以前は職人の仕事であったこともあり、労働環境の整備が成されていないという印象があった。そこで、業界の労働問題を確認し、問題があれば正していきたい。

この様な目標を掲げ、ＮＰＯ法人を立ち上げることになった。当初、このＮＰＯは①の消費者問題が中心となり、消費者からの相談を扱うことが多くなると考えていた。しかし、徐々に③の労働問題が主体になっていった。これはこの時点では全く想像もしていなかった。

廻りに後押しされるように始まったＮＰＯ構想だが、趣旨や目的はともかく、メンバー集めに苦労した。ＮＰＯの規約ではメンバーを一〇人以上集めないといけないが、先の団体からは「今後の運営をする上で、メンバーは福島県内で集めた方がいい」と言われていた。そこで、県内の業者に声をかけることにした。一番親しい業者にこの旨を告げたところ……。
「い、いやだ。そんなことをしたら、安売り大手に狙われることになるよ」
てんで弱腰だった。気の合う仲間だと思っていたが、いざとなると全く消極的になるのだ。やはり、クリーニング業者は自分から一歩を踏み出す人は稀だ。誰かが行って成功すると、次々と同じことをするようになるが、自分からは絶対動かない。自発性のない、臆病な人たちが多い業種でもある。後述するが、クリーニング業者の七割くらいがこういう付和雷同、長いものには巻かれろ、寄らば大樹の陰という考えの持ち主である。

こんなことで、県内でメンバーを集めることは難しいとわかった。いろいろな人に趣旨を説明したが、誰もやったことのない分野に飛び込むのはイヤといった慎重派と、自分も不正をやっているので参加は無理という確信犯派に分かれた。そこで他県の同業者にも連絡すると、ようやく一〇人以上のメンバーを揃えることができた。本州最北端から中国地方まで、やっと揃った印象だった。

二〇一三年十月八日、設立の規約に従い、賛同してくれたメンバーを私の会社に集め、ＮＰＯ法人設立準備総会を開いた。この中で、仙台のクリーニング業者から「クリーニング・カスタマーズサポート」という法人名が提案され、可決された。

すべての要件を満たしたので県庁に赴き、ＮＰＯ法人クリーニング・カスタマーズサポートの申請を行った。このときの担当官も非常に親切で、こちらの趣旨をすぐに了承してくれた。何か、ＮＰＯ創設を歓迎してくれている様だった。設立後は行政と激しくやり合う当ＮＰＯだが、申請の時点では担当の方々に大変面倒をみていただき、助かった。

二〇一四年三月、いろいろな手続きを経て、ようやくNPO法人クリーニング・カスタマーズサポートが発足した。

7　NPO開設の反響

NPO法人クリーニング・カスタマーズサポートの開設は、マスコミの人々にも連絡をしていたので、大変ありがたいことに、いくつかの新聞がNPO開設を取りあげてくれた。そのうち、一番大きなものは読売新聞である。NPO開設から四カ月後、なんと全国紙で扱ってくれることになった。いろいろな活動を行う人を紹介する「顔」のコーナーにNPO法人開設者としての私を紹介してくれたのである。

八月、読売新聞二面の「顔」欄に私の写真とともに、紹介文が掲載された。世界最大の発行部数を誇る読売新聞に載ったことは大きい。私の会社には激励のメール、電話がたくさん来た。同業者からもあったが、一般の人たちからの声が多かった。

ところが、これはクリーニング業界からはまるで歓迎されなかったようだ。数日後、知り合いからこんな話を聞いた。

「鈴木さんのことで、クリーニングのブログが大騒ぎになっているよ」

読売新聞の記事を巡り、クリーニング業者らがネットで批判を繰り返しているというのだ。

どんなことかと思ったら、こんな感じだった。

「読売新聞にクリーニング業界を誤解される記事が載ったのでボクが訂正します」

クリーニング業界の健全化を目指しNPOを設立した

顔

鈴木《すずき》 和幸《かずゆき》さん 54

不透明な料金設定や効果の疑わしい特殊加工が絶えないクリーニング業界の健全化に向け、NPO法人「クリーニング・カスタマーズサポート」（http://npo.cercle.co.jp）を今年3月に発足させた。「様々な事例を通して消費者に注意を促し、同業者には警鐘を鳴らしたい」と話す。

福島県須賀川市で大正時代から続くクリーニング店の3代目。自らが社長になって改めて見た業界には、「不誠実な人も多かった」。不正を行う業者が目立ち始めたのは、大手の参入などで価格競争が激化した1990年代。「洗わずに乾燥しただけで返す」「低料金をうたいながら様々な追加料金をとる」――。客を欺く行為が横行し、メディアでも取り上げられた。こうした〝裏ノウハウ〟は今も一部に受け継がれ、なかなか自浄作用が働かないという。

業界の暗部を指摘する姿勢には、同業者からの風当たりも強い。だが、「お客さんは我々を信頼して服を預けてくれる。それを裏切る行為は許されない」と意気込む。尊敬する人物は同郷の「特撮の神様」円谷英二。特撮ヒーローに負けない正義感で不正に立ち向かう。（世論調査部　益田耕平、写真も）

読売新聞「顔」でNPOの設立を扱ってくれた（『読売新聞』2014年8月9日付）。

「マスコミの取材能力の低下にビックリです」

読売新聞に書かれている記事の内容は、既存クリーニング業者をバカにしているようなものであるが、クリーニング業者達はみんな真面目でいい人達だ。中傷されて腹が立った……ブログなどの内容は、こういったものが多かった。

また、騒いでいるのはほとんどが小規模にやっている個人業者か、そういう小規模な業者の「先生」になっているコンサルタントだった。「ボクが訂正します」だの「取材能力の低下にビックリ」だのよくいったものだ。

小規模な業者達は、交際範囲も狭く、業界で起こっている問題などについて十分な情報があるとはいえない。クリーニング業界には問題が多いという当NPOの主張を、自分たちが対象とされていると感じたらしい。気を悪くしたのなら申し訳ないが、正直、あなた達のことはまるで問題にしていない。市場の大半は大手クリーニング業者が占めている。お客様である消費者に影響があるのは大手であり、そちらで問題が発生している以上は、そちらを相手にせざるを得ない。

クリーニング業界の場合、ネットなどで次々発言するオピニオンリーダーはなぜか小規模業者に多く、大手業者の発言は非常に少ない。この様なことからクリーニングの世界は個人企業、零細業者の集合体だと誤解されるのだが、現実の市場はどこの地域でも大手業者の寡占状態である。ところが小規模業者は、大新聞に業界問題が書かれたりすると、自分たちがけなされたのだと勘違いし、過敏に反応するようだ。

ただ、身内のコミュニケーションはやたら濃いのだが、当NPOや私個人に対し、文句を言うとか対談の申し入れをするということは全くなかった。大変狭い身内のグループ内で、面白くないと騒いでいるだけ。これではすべて身内の愚痴である。本人に何も反論できないのは、自信を持って「潔白だ」とはいえない事情があるからだ。この話を読売新聞の記者に連絡したら、「鈴木さんが頑張ると困る人がいるということなんですね」といわれた。まさにその通りである。

ちなみに、クリーニング業界には業界紙が三紙あるが、読売新聞にまで登場した当NPOのことを紹介するところは皆無だった。この後も、当NPOがたびたびテレビや新聞など一般マスコミに登場しても、全く無反応。これは、クリーニング業界が大手も個人も含め非常に閉鎖的であり、他の世界との接触が非常に少ないこともあるが、私がクリーニング業界の秘密だった建築基準法違反を暴露したことに対する恨みもあると感じている。ともかくも、いろいろありながらスタートしたNPO法人クリーニング・カスタマーズサポートであった。

第2章

ブラック企業との対決

ＮＰＯ法人クリーニング・カスタマーズサポートは二〇一四年三月にスタートした。ちょうどその頃、私の会社に以前は大手低価格クリーニング会社で店員をしていたという女性が入社してきた。

このＨさんの話は、こちらが唖然とするような驚くべき証言の連続だった。当ＮＰＯは発足まもなく、この人の証言に大きな影響を受け、活動を労働問題にシフトしていく。

この章では、クリーニングの世界で起こった団体交渉の様子を詳細に描いていく。低価格クリーニングの現実をぜひご覧いただきたい。

1 「ウソだらけ、格安クリーニング」記事

ＮＰＯ法人設立には書類の提出や認定、登記などで時間がかかるため、行政の書類審査中など設立準備期間中にもいろいろな情報が入ってきた。

あるとき知人の紹介で、山形市内に住むロイヤル社の店員という方にお会いすることになった。建築基準法違反で最初に摘発されたあの会社である。この方はロイヤル社で勤務しているものの、やっていることはおかしなことばかりと言い、こちらに情報提供を申し出て来たのである。

この方からの情報は貴重だった。実際に価格表や社内報などのデータなど、ロイヤル社の手法をいろいろ教えてくれたが、特に、一つの衣料品に防水加工、折り目加工、汗抜き加工など三つも同時に加工することなどを聞かされ仰天した。

クリーニング業者は防水加工、折り目加工など加工を商品としている。しかし、どこでも加工の種類は

四つか五つ程度。それが、ロイヤル社には一〇種類以上の加工がある。しかも、二つ以上同時に加工することはそんなに多くないし、ましてや同時に三つなど聞いたことがない。そんな業者は他にはいないといえるだろう。それで果たして効果があるのだろうか？

また、客が衣料品を店に持ち込んだ際、店員が最初からシミ抜き料金を徴収したり、ワイシャツのエリの汚れに料金を追加するなど、安い価格で客を引き寄せ、様々な追加料金を取る「トッピング商法」の手口なども知ることができた。このとき得られた情報は大きい。私はそれらをマスコミに提供した。

二〇一三年十二月、月刊誌『ＦＡＣＴＡ』はロイヤル社の問題について、「ウソだらけ、格安クリーニング」というタイトルで記事を掲載した。

記事は、クリーニング業界で白洋舎に次ぐ第二位の地位にまで上り詰めたロイヤル社だが、その実態は建築基準法違反の工場を各地に展開し、それがバレると温室効果ガスを大量に出す非引火性溶剤を環境にやさしいと虚偽宣伝するなど悪質、収益源はさまざまな加工を勧めたり、シミ抜き料金をその場で徴収する「トッピング商法」にある、という大変きついもの。さらには、各工場では厳しいノルマが課せられ、他者の二倍の生産性を要求されるなど、労働環境も非情に厳しいことも書かれている。「どんな手抜きやインチキをしてもバレないブラックボックスを、徹底的に利用して急成長を遂げたのがロイヤル社ではないか」、「ワイシャツ九〇円、年中半額、そんな商売が成り立つはずはなく、ウソだらけの格安クリーニングにご用心！」と結んでいる。強烈な内容だが、これらは何人もの情報提供者から集めた事実である。このときの記事は、ロイヤル社の所行の中でも、初めて労働問題にまで踏み込んだ内容となった。

その数日後、ロイヤル社は弁護士を通じてFACTA社に抗議し、いくつかの点が事実ではないとし、名誉棄損により同社に一億円を要求すると通知してきた。名誉毀損による損害賠償請求ということだ。

ロイヤル社が名誉毀損として挙げたのはこんなことだった。

●「ワイシャツ九〇円、年中半額」という記載に関し、読者に二重価格を行っていると誤解させている。

●「一般のクリーニング業者が無料で行っているワイシャツのエリ汚れ落としに加算料金を要求する」という記載に関し、いつも追加料金が発生するわけではない。

●「人時生産率（工場の生産性効率を図る業界の単位。平均は二〇程度）が三〇以上が当たり前。三〇を下回ると怒鳴られ、四〇以上だと一日二〇〇〇円のボーナスが出た」という記載に関し、そのような事実はない。

しかし、記事はすべて証人がいて、事実であることが確認されており、証拠もあるし、証人もいる。FACTA社も弁護士を通じ、名誉棄損には当たらないと反論、ただ一回の連絡でロイヤル社は沈黙した。はっきり証拠が揃っているのに、弁護士を通じて事実でないと言ってくるのには呆れてしまった。おそらく、依頼した弁護士にも本当のことを告げていなかったのではないだろうか。

その後、ロイヤル社は社内連絡で、FACTA誌記事で指摘された追加料金の一部を当面停止すると各店舗に通達した。一億円払えといいながら、社内ではしっかり訂正……こういうことも、実は情報提供者によってすべて筒抜けになっていた。つくづくあくどい会社だと思ったが、それはこの後起こる出来事に

ウソだらけ「格安クリーニング」

「ワイシャツ90円」を売り文句に大躍進した「うさちゃんクリーニング」。あざとい「トッピング商法」に騙されるな！

ピンクの看板が目印の「うさちゃんクリーニング」をチェーン展開するロイヤルネットワーク（以下、ロイヤル社）の売上高が、富裕層向けの白洋舎に次ぐ業界2位に躍り出た。どの店も「ワイシャツ90円」や「年中半額」を看板に掲げる「うさちゃん」は、業界の風雲児と持て囃されてきた。

建築基準法違反と偽りの大宣伝

創業者の仲條啓三氏（75）が、中学校卒業と同時に山形県から集団就職で上京し、東京のクリーニング店で働いた後、23歳の時に故郷の酒田市内でクリーニング店を開業したのが原点。山形県を中心に事業を拡大し、隣接県へのチェーン展開を目論むロイヤル社を設立。２００５年には関東以北の10都県で５４０店舗、50工場を展開する業界3位となり、13年1月には６３２店舗、66工場に躍進した。

啓三氏は12年1月、社長の座を長男の啓介氏（43）に譲り、現在は子会社のロイヤルネットワーク茨城の社長を務める。同社は主に関東圏の茨城、栃木、埼玉、千葉、東京、静岡でチェーン展開。ちなみに東京1号店は大手スーパーの西友（清瀬店）。練馬区6店、板橋区、豊島区各4店を構え、都内で出店攻勢をかけている。

DECEMBER 2013 FACTA 54

ロイヤル社の実態を暴露したFACTA記事（『FACTA』2013年12月号）。

より、さらに明らかになっていく。

2　やってきた元ロイヤル社店員

ようやくNPO法人が立ち上がった二〇一四年の三月後半、自社のマネージャーから相談があった。建築基準法問題で騒がれたロイヤル社で店員をしていたという人が、当社に転職してきたのである。そのHさんはロイヤル社ではひどい扱いを受けていたという。

どんな労働環境に置かれていたのだろうか。低価格で発展してきたロイヤル社は、現実にはFACTA誌が暴露したとおり、おかしな商法や違法行為で発展した会社だ。労働者についても、同様の問題がある可能性が高い。うちに来たからには、ロイヤル社の実情を聞き出すチャンスである。私はマネージャーに連絡し、Hさんと会う機会を設けた。

Hさんは五十代前半、小柄だがしっかりした印象の女性である。最初は緊張していたが、次第にうち解けていろいろ話し始めた。

三年前にロイヤル社に入ったHさんは、郡山市内のスーパーのテナントにあるロイヤル社店舗の受付パートとして働いていた。この店は午前十時から夜九時まで営業、勤務は前半、後半に分けられた交代制で、前月までにシフト表が配られ、他のパートさん達と交代で店舗受付をしていた。この辺はどこもほぼ同じである。ところが、ここからが違った。

ロイヤル社は店員に対し、「基本的に残業は禁止」であるといい、すべての仕事を時間内にせよと指示していたという。どうしても残業するならマネージャーに申告しなければならない。ところが電話してもマネージャーは出ないか、残業を認めない。そういうことで実質的に残業代は出なかったらしい。実際、繁忙期と閑散期の賃金にほとんど変化はなかった。

また、各店舗は前半と後半で交代制だが、完全ワンオペ（ワン・オペレーションの略で、店員一人で店舗を運営する方法）を実施、二人でいる時間はもう一人の時給が全く出なかったという。唯一、繁忙期だけは「ダブリ時間」制度といって、二人で仕事をしてもいい時間を店舗ごとに決められるが、これも一時間当たり売上が低いと出ない。ただ働きを年中させられていたというのだ。

さらには午前十時開店の店舗だが、配送員がそれより前にやってくる都合上、午前八時半までに出勤することを命じられ、開店前の一時間半分の時給は出ていない。こんなことを命じるのは「マネージャー」という存在だという。

繁忙期には午前零時まで働いた日もあり、次の日も早いのでクタクタになっていた。それでも残業代は出ない。閑散期と繁忙期の賃金がほとんど変わらないのは、残業代が出ていないからなのだそうだ。そういうHさんは、タイムレコーダーを時間通りに打刻して、普通に残業代が出る当社に驚いたのだと語った。呆れてものがいえない。タイムレコーダーは労働時間を管理する機械であり、決められた時間以外に打ったらなんの意味もないではないか。

過酷労働は残業代無しにとどまらない。毎月の会議では、売上、点単価、加工獲得数、付加獲得数、時間当たり売上などの項目に関し、すべてがランキングされ、特に加工獲得数については個人名で一位から最下位まで表にされる。成績が悪いと厳しく怒られる。ロイヤル社は衣料品に行う防水加工、折り目加工などの付加価値が一〇種類以上あり、一つの衣料品に三つの加工を同時に付けることもあるという（この辺は、先の山形の方からも聞いていた）。この様にして単価を上げるのだが、そんなにたくさんの加工を同時に行っても、効果があるか疑わしい。消費者にも迷惑な話である。

さらには受付ミスなども厳しくチェック、ミスが多いと、工場での懲罰労働をちらつかされる。クリーニングには付きもののクレームについては、客からの苦情があれば店員が謝罪させられ、紛失品があると、店員が自腹で弁償するという。給料からは勝手に「互助会費」が天引きされる。

Hさんが退社した理由は、同僚が過重労働の末、くも膜下出血で倒れ、生死の境をさまよったのに、会社からは互助会費が天引きされているのにお見舞い一つなかったという。

「これでは、自分の命も危ない……」

身の危険を感じたHさんは会社に退社を願い出て、当社に移ってきたという。

ひどい話だが、ここまで聞いて、まず私は「ホントかな？」と疑った。Hさんの話があまりに極端だったからである。

ロイヤル社は建築基準法違反を各地で繰り返していたような会社だが、そこまで労働基準法違反を繰り返せば、労働基準監督署が黙っていないだろう。ましてやロイヤル社は従業員三〇〇〇人近い大所帯。これだけ大きな会社で、そんな違法行為が次々とできるわけがない。

それに、紛失品を自分で弁償したというのも信じられない。よほどのことがない限り、個人に弁償させるなんてあり得ない。もしこれが明るみに出て、訴えられたら大変だろう。

Hさんは、誇大妄想の気があるのではないか？　世の中にはそういう人がいるし、前の会社と大喧嘩して辞めた人は、だいたい悪口をいう。Hさんも、そういう人物ではないのか。私は当初、疑ってかかっていた。しかし、Hさんは勘の鋭い人だった。私の疑いの目を見逃さなかった。

3　異常労働の実態

Hさんと面会した数日後、また連絡があり、「お渡ししたいものがある」と言ってきた。すぐに私は会うことにした。どうやら面会で言われたことを、私が信用していなさそうだったので、それを証明してみせたいようだ。

面会室で、Hさんは持参したバッグから書類を取り出した。

「これ、前の会社の人に出してもらったんです」

そういって、Hさんは説明を始めた。

サービス残業の件

まず、残業に関しては、Hさんの給与明細が出された。二、三、四月の明細があったが、それぞれ「残業時間」のところが七、八時間程度。二月と四月で残業時間が変わらない。クリーニングは繁忙期と閑散期の差が激しいので、これはあり得ない。「タイムレコーダーの打刻が決められているので、残業なんて出ないんです」とのことだった。

次に、Hさんは「直営店売上一覧表」という印刷物を見せた。これは、毎月各店舗の店長を集め、会議を行うときの資料なので、このようなものは大手ならどこでも作成している。しかし、ロイヤル社のものは、売上や点数、点単価の他に、「加工獲得率」や「一時間当たり売上」、「延労働時間」なる項目があり、それぞれ目標と実績が出ている。

すでにふれたように、ロイヤル社は防水加工、折り目加工などの追加料金を伴う加工が一〇種類以上あり、一年中客に加工を勧めることを強制されているという。「加工獲得率」とは受入れ点数に対する加工獲得数の割合のことで、獲得率の高い店は、一一〇％というところもあり驚いた。そんなはずはない。聞けば、そういう店舗は一つの製品に二種類、三種類の加工を勧めることもザラで、だから一〇〇％を超えるのだという。

「延労働時間」というのは、労働時間に目標が立てられている。これも非常に珍しいが、どうやらできるだけ残業するなということらしい。Hさんのいた店の実績は三四二・二五時間だったが、これは、その店のその時期の営業時間とピタリ一致した。ということは、全く残業しなかったことになる。繁忙期に残業なしとはどういうことだろうか。「私たちは営業時間＝労働時間だったんです」。Hさんは悔しそうにいった。

この後この労働時間について調べてみた。全く同じ時期に、当社の店舗で同じくらいの点数を預かった店舗がどれだけ労働時間があったか調べたのである。Hさんのいた店舗で預かった点数と、ほぼ同じ数値の当社の店舗の労働時間を確認したら、なんと五五〇時間だった（これは、当社がたくさん残業したのではなく、当社は二人体制でいることが多く、営業時間が一時間でも、労働時間は二人分で「二時間」になるからである）。このことを他のNPOメンバーにも話し、数字を確認してもらったが、ほぼ当社と同じ数値だった。

数字の上では、Hさんは私たちの一・五倍仕事ができる計算になる。

しかし、Hさんはそんなに素早く仕事ができるわけではない。「結局、ロイヤル社では残業代は出ない、こちらでは残業代が出る。その差なんですね」淡々というHさんの言葉に私は口をぽかんと開けていた。

話を聞いていてわかったのは、ロイヤル社ではクリーニングの受付レジにタイムレコーダーの機能を持たせ、レジで時間を打刻していたのである。レジは基本的に営業時間しか使用しない（客は営業時間内にしか来ない）から、営業時間＝労働時間という固定観念が生まれるのかも知れない。残業は申告制というのもそれに拍車をかける。残業を主張しにくい環境を整えている印象だ。

パートの給与を削る完全ワンオペ

大手クリーニング店の店舗は多くがスーパーマーケットなど商業施設のテナント店舗である。Hさんが勤務していたのもそういう店の一つ。この様な店舗は午前十時から午後八時までと、営業時間が長いのでパートタイマーが交代で勤務する。早番が午前十時から午後三時、遅番が午後三時から八時といった具合である。

Hさんは「店舗別売上予算」なる表を机の上に出した。これは、各店舗の予算が書かれたもので、テナントの家賃や駐車料金まで出ているもの。きちんとした計算には感心させられたが、「店舗労働時間」のところに、「ダブリ時間」なる項目があった。

ダブリ時間っていったいなんだ？　Hさんによると、繁忙期にはさすがに一人ではこなせないときもあるので、「二人で仕事をしてもいい時間」を店舗ごとに会社で指定するのだという。Hさんの店は、四、五、六月が二十時間、十月が五時間だけ「ダブリ時間」があったという。

「でも……」

Hさんはまたもやバッグから小さな紙を取り出した。「業務連絡」と書かれてある。それは管轄のマネージャーからの伝言で、「ダブリ時間は一時間当たり五〇〇〇円以上じゃないと出さない」と書いてあった。これにより、結局残業代をもらったことは稀だという。繁忙期には、最初から最後までずっと二人で仕事をしても間に合わないような日も連日あったが、時給はあくまで「一人分」。二人で仕事をしたと主張しても、「遊んでたんでしょ！」といわれ認められなかったという。

この「ダブリ時間制」は、実に巧妙な残業隠しである。早番と遅番で交代制の場合、早番の人は遅番の人が出勤してからも大抵は自分の受付分の仕事が残っているので、残って仕事をすることになる。しかし、完全ワンオペなので残業代はなし。「ダブリ時間」は、売上が高かったら少しは残業代を認めてやるというものである。明らかな残業代隠しなのに、作業員にはありがたいことのように思われるかも知れない。この「ダブリ時間」という制度は店舗の売り上げの高いところはそれなりに多いという。それでも、正確に残業代を支払うわけではない。

想像を絶する過酷労働

安売りクリーニングは通常の業者よりもたくさん品を預かる。そうでないと運営できないが、安くして品を集め、現場に過酷労働を課して残業代も出さないことで成り立っているようだ。

そして、過酷労働はたくさん預かる、というだけにとどまらない。前述の通り、ロイヤル社は一〇種類以上の加工製品を一年中顧客に勧める仕事があり、その結果は一位から最下位まで表にされて配られる。成績の悪い人たちは恥をかく仕組みだ。「花粉防止加工」など効果不明の加工も取られており、「花粉症の方に効果があります」など、かなりアブナい宣伝も行われていた。また、安売り店には多い「シミ」に関しても追加料金を徴収し、料金を取らないと見せしめのようにシミを落とさないで返されることもあるという。かなり陰湿な職場である。

ロイヤル社ではすべての店舗に「半額」と大きく貼りだしていた。FACTA誌の記事の際、この半額のことも取りあげられたが、実際、Hさんはほとんどの品を半額で受け付けている。これは景品表示法の二重価格に当たり違法だが、クリーニングのセールでもっとも効果があるのが「半額セール」であり、麻薬の様に半額から抜け出せなくなっているようだ。

単に「半額」なのではなく、その半額セールの種類がたくさんあることには驚かされる。各店舗のレジから出る「売上内訳書」には、二〇種類以上もの半額セールが金額別に記載されている。ちらしクーポン、入会時の割引、更新時の割引DM、店舗毎の半額の日、入会時、更新時に配られる年間クーポン、年末に配られるカレンダーに付いているクーポン、メール会員……と、あまりにも種類が多い。優秀なレジを開発したのだろうが、やらされる店員は大変だ。

ミスを許さない環境

安売りクリーニングは一般業者よりも多くの品を集めるので、必然的に一つずつの品にかける時間が短くなり、ミスも増えると思われる。クリーニングという仕事は検品が重要なので、この時間が削られるというのは致命的だ。

しかし、ロイヤル社はわずかなミスも認めず、ミスをすると徹底的に叱責される。Hさんは「お客様の声」という用紙を出した。これには顧客から本社に送られた苦情が書かれており、それに関する是正をうながしている。内容は、たいていが店員の態度が悪い、などというものだ。私はこのような「お客様の声」をロイヤル社の他の情報提供者二名からもらっている。用紙自体はパソコンで印字されているが、そこに上司であるマネージャーの「もう一度是正して下さい！」、「気付いていたはず！」などとヒステリックな殴り書きがある。文章では今後の是正方法を書かされているが、この様な異常な職場では、店員が平常心でいられるはずもない。本来の責任はひどい仕事をさせている会社にある。従業員に是正を求めること自体がおかしい。

また「受付検品ミス内訳」なる表も出てきた。これは、店員ごとにどれだけミスをしたかが書かれている。店員全員の名前と、検品ミス、ボタン取れなどである。通常よりはるかに多くの量を預からせておきながら、いちいちこんなミスまでネチネチ追及しているのか……。こういう行為は名誉棄損型のパワハラと認定されるだろう。こんなひどい職場にいたら、確かに転職したがる気持ちはわかる。これまでの話の中で、ロイヤル社は猛烈に詳細な管理が成されているが、それらは結局経費をいかに節減するかに集中しており、結果的に現場に通常では考えられないような過酷業務を要求していることになるだろう。

互助会費

給与明細をみると、毎月五〇〇円の「互助会費」を天引きされている。これは、従業員への報告なく一方的に引かれたのだという。互助会自体は他の会社にもあるのだが、「平成二四年度互助会決算報告書」という書類を見て驚いた。本来の目的である慶弔見舞金の金額は全体のわずか五％足らずで、残りは全部研修会・決起大会補助という項目に割り当てられている。

ロイヤル社の決起大会は八〇〇人もの人々を招いて盛大に行われる。地元の銀行や財界人、同業者なども呼ばれ、派手な祝宴が繰り広げられるが、必ず業界紙で紹介される。こんな盛大な会を行う同業者はいない。

それが、パートの給料から天引きした金で行われていたとは……。なんというセコい会社なのだろう。なお、監事として名前の出ている人物は、ロイヤル社の経理部長。ロイヤル社は複利厚生など考えず、会社をアピールする示威事業に従業員の金をつぎ込んでいるのだ。

自腹で弁償

最後に、Hさんは大手紳士服販売店の領収書を見せた。これは、店舗で紛失したワイシャツが見つからず、会社も何もしてくれず、自分で弁償したのだという。こんな領収書をみせた彼女には、ロイヤル社に対する悔しさばかりが感じられた。

本人に責任がないのに、ワイシャツを弁償させられるとは考えられない。ブラック企業の話題によく出てくる「アリさんマークの引越社」は、引越の作業中に家具などを破損すると従業員が弁償させられるそうだが、それでもこの会社は従業員に高い給与を保障している。最低賃金ギリギリのクリーニングのパートが弁償させられたら、給料をもらうよりも払う方が多くなってしまう。しかも、紛失は必ずしも店員の

破れたワイシャツ。プレス機で引っぱったときに破けたものと思われる（出所＝R社情報提供者）。

責任ではない。これはブラック企業よりもブラックである。

「ああ、そうだ。これも面白いでしょ」

Hさんが差し出したのはワイシャツの写真だった。見ると袖の付け根が破けている。これはクリーニング業者だったら誰でも理由がわかる。ワイシャツのプレス機はシャツを胴体の様な機械に着せて、両袖を機械で引っ張って中から蒸気を出して仕上がる。おそらく、両袖を引っ張ったとき、圧力が強すぎて袖が根本の縫い目から破けたのだろう。

これは紛れもなく工場の責任である。

「こういうのも、私たちの責任にされるんですよ」

聞けば、ロイヤル社の工場は東日本に七〇軒近くあり、それぞれがさまざまな項目で点数を競い合っている。返品率、事故率が多ければ点数は下がる。そこで、工場が「私の責任ではない」と立場の弱い店員に責任を押しつけてしまうのである。大変たちが悪い。

面白かったのは、工場へ仕上げ直しを頼んでも拒否され、やむなく内緒で私の会社に出していたこともあったこと。他社に頼むしかなかったようだ。しかし、Hさんは自腹で費用を負担しており、笑い事ではない。

数々の証拠を示され、私は唖然とした。どうだ、驚いたか、といわれたような気分である。こんな会社が、業界紙では素晴らしい発展を遂げる会社としていつでも紹介されているのだ。

もちろん、このままでは済まされない。ロイヤル社に対し、何かしなければならない。Hさんの悔しい気持ちを晴らさなければならない。

4　異様な業務連絡

時給が空欄の雇用契約書

Hさんの話はあまりにも衝撃的だったが、NPO活動としてはぜひとも取り組みたい課題だ。低価格クリーニング業者の実態に迫る証言であり、問題点も多々ある。こちらも他のNPOメンバーにも連絡し、できるだけ情報を集めることにしたが、Hさんはその後も次々とロイヤル社の資料を見せてくれた。Hさんが在籍中に保存していたものもあれば、現在も通じている現役のロイヤル社従業員から送られてきたものもあった。

Hさんを含め、ロイヤル社郡山工場の店員達は、雇用契約書を提出する際、時給の欄が空欄になっている契約書を渡され、マネージャーから「これ、書いておいてね」と指示されていた。時給がいくらかわからないのにサインさせられ、押印させられ、保証人の欄には夫の名前まで書かされるのだから、非常識である。

従業員の働いた時間を示すタイムレコーダーに関しては、受付レジにその機能を持たせているのだが、このレジのハードディスク内に「就業規則」が入っている。タッチパネルのレジを隅から隅まで探せば見つかるが、ほとんどの従業員はその存在を知らないし、上司もそこにあることを教えない。

呆れた業務連絡

クリーニングの受付レジは、どこも中身はパソコンと同じなので、いろいろ機能を持たせることが可能だが、ここではネット回線でつながっており、細々とした業務連絡もプリントアウトされて出てくる。

こういった業務連絡もみせてもらったが、前述の「時間当たり売上五〇〇〇円以上でないと残業代は出ない」の他にも、ひどいものが多かった。

「ズボン二重線」というタイトルのものは、「本日は不慣れな担当者が入っているため、よく確認し、ひどい場合は戻して下さい」とあった。こんなことは普通、店員に伝えることではない。「不良品が出るかも知れないからな」といっているのと同じだ。

「スポットセール」と題されたものは、当日突然セールをやるから、多くの客に電話して知らせろというものだった。ある日突然セールが始まるのである。

繁忙期の連絡では「工場がパンクしております。納期を十分いただいて下さい。個人宅の宅配はいたしません。納品ならなくての対応は店舗でお願いします！（原文ママ）」とあった。納期が間に合わないときには店舗で謝れといっているのである。

「内部監査」というものは、「明日、監査がスポットで入ります。どこに行くかは決まっておりません。ディスプレイ、照明、清掃（くもの巣、セロテープ跡、埃）、仕上がり品の直置き、お客様へのお知らせ等、確認し備えて下さい！」だそうだ。これは、上層部に頼まれた調査員が客を装って各店へ行き、接客態度を調査、採点していることを指している。猛烈な仕事をさせているのに、抜き打ち検査のようなチェックだけは欠かさない異常な厳しさを物語る。

全体を通して多く目立つのは、行方不明品の調査である。配送員が間違えて別の店舗に品を運んだりすると行方不明品になる。この会社の場合、かなり多くの品を集めているので、必然的に紛失が多くなるのだろう。とにかく、レジの機能を生かしてなんでも業務連絡するようだ。

この他、各店が極端な経費節減を強いられていることがわかった。店舗で使用するボールペンは、タテマエでは会社が用意するが、マネージャーがいつまでも用意しないので、結局自腹で購入することもあるという。店員の制服は、最初の一着は会社で持つが、二着目以降は自前。時給しかもらえないパートとしては、何でも引かれるひどい職場である。

他社の倍働かせる工場

店員がいかにひどい扱いをされているかがわかった。では工場はどうだろうか？　クリーニングの仕事は大雑把には二つあり、店舗で受付をする店員と、工場で衣料品を洗って仕上げる作業員がいる。この時期、他のクリーニング会社に移った元ロイヤル社工場作業員に会うことができた。

この人の話で一番すごかったのは、「人時生産率四〇」というのが工場の目標ということである。「人時生産率」とは、クリーニング工場の生産性を示す目安であり、一人の作業員が一時間に何点の品を仕上げることができるかを数値で表したものである。二〇〇〇枚の衣料品を一〇人の作業員が十時間かけて仕上げたのなら、この工場の人時生産率は、二〇〇〇÷一〇÷一〇＝二〇となる。通常のクリーニング工場なら、だいたい二〇くらいが平均的な数値である。

それが二倍の四〇……。この話をあるクリーニング会社社長にしたら、「冗談はやめろ」と怒られた。私はロイヤル社の社内報で、その目標値を達成している工場のランキングを見せたが、その社長は目を丸くして驚いていた。あまりにも数値が高すぎる。

繁忙期には午前零時を過ぎても作業が続き、ひどい日には午前三時というのもあったという。作業員が午前様になるという話を初めて聞いた。工場には一応タイムレコーダーはあるらしいが、こんな過酷労働では誰でも参ってしまうだろう。

聞けば聞くほどひどい。事前にこの会社の実態を知っていれば、入社する人はいなくなるだろう。これでロイヤル社がやっていけるのは、かなりの広告宣伝費をかけているからと推測される。テレビ、新聞、折り込みチラシなどを頻繁に利用し、有名キャラクターなども使用している。外見的には素晴らしい会社に見せている。しかし、中身はあまりにもズサンだ。そういう実態が、今まで知らされてこなかったのは不思議だ。

5　労働組合との出会い

私はロイヤル社の問題を労働問題に詳しい弁護士として知られる指宿《いぶすき》昭一氏に相談した。指宿弁護士とは、「NPO法人外国人技能実習生権利ネットワーク」の会合でお会いしていた。私の話をじっくりと静かにうなずきながら聞いていた弁護士は、こんなことをいった。

「そういうことなら、労働組合を紹介しましょうか」

えっ、労働組合？　いきなりの提案に、こっちはとまどった。一応私は会社経営者なので、労働組合と真逆の立場である。正直、あまり嬉しい相手ではない。

しかし、その組合はすぐ近くだというし、よくわからないが道が開けるかも知れない。弁護士のいうことに従い、お会いしてみることにした。

日本労働評議会という組合は、向かいのビルの四階にあった。入っていくと、思いの外、人の良さそうな方が一人で出迎えてくれた。中里好孝委員長である。中里氏は私の話を聞いてくれ、一緒に来てくれた指宿弁護士と三人で相談した結果、ロイヤル社に対し、団体交渉を申し入れることになった。

労働組合には、一人でも入れるユニオンという組織があり、団体交渉とは、経営側と交渉するときの言葉だという。Hさんはもうロイヤル社を離れていたが、それでも法的には二年遡って残業代を請求することができる。私もいろいろな知識を与えられた。

七月八日、中里委員長はHさんと会い、二時間ほどヒアリングをして、ロイヤル社への請求額などを計算した。私は人生で初めての経験なので、横にいて感心して聞いていた。
八月四日、最初の団体交渉申込書が送られた。

団体交渉申込書

貴社の○○工場○○○店に勤務してきたH氏（現在は退職）は当組合に加入しました。当組合の調査によると、H組合員の賃金には時間外労働分が含まれておらず、未払い賃金が存在しています。したがって、H組合員の不払い賃金の件を中心的議題として、貴社に対して下記の通り団体交渉を申し入れますので、よろしくお願いします。

なお、当労働組合は職種を問わず、一人でも加入できる合同労組であり、貴社との交渉権、妥結権は当本部が有しておりますので、H組合員との個人的交渉などはなさらないようお願いします。また、ご承知かと存じますが、合同労組の場合は個人加盟ができることから、H氏が当組合に加入されたことによって、貴社の団体交渉応諾義務が生じました。そして、既にH組合員は貴社を退職しているとはいえ、賃金の支払いについて法的に問題がある場合は、雇用関係は消滅したと言えませんので、団体交渉の議題になることもご理解いただきたいと思います。

ロイヤル社は八月九日付で返事をよこし、十九日まで待ってくれとのことだった。やたら先延ばしをし

たあげくに、団体交渉は九月十八日、ロイヤル社本社ということになった。

ロイヤル社の本社は、山形県酒田市にある。新幹線も途中までしかなく、高速道路も途中で途切れ、霊峰出羽三山を山越えしないと到達しない。さんざん遅らせたあげく、そんなところで団交とは……。

6 いざ団体交渉へ

九月十七日、私は郡山駅で中里委員長を出迎え、私の車に乗せて酒田へ向かった。仙台にある支部から労働評議会の若いメンバーも合流した。

私は労働組合ではないので、団交に参加することはできない。仕方がないので外で待っていた。海沿いだったので港に行ったり、観光名所を見ているうちに二時間は過ぎ、団交終了の連絡があった。

ロイヤル社から参加したのは社長、相談役、社長室長、経理部長の他に、弁護士、社会保険労務士の面々だったそうだ。労働評議会は委員長ともう一人は書記として参加。パソコンで会話を全部書き留めていた。

ロイヤル社社長は四十歳前後で、団交中、ほとんど一人でしゃべっていたという。

結果は、こちら側の提示額と先方の額があまりにも開きすぎ、結局もう一度行うことになった。私は一度で終わらなかったのは残念だと思ったが、中里委員長には何か作戦があるらしい。

名刺を見せてもらったが、相談役というのは数カ月前まで副社長だった人物。会社の一大事なので出席したのかも知れない。ロイヤル社側は社長が一人で延々としゃべりまくっていたというが、弁護士、社労士はほとんど話さなかったという。

二人を駅前で見送って帰ったが、翌日、書記をした組合員から会合の内容が送られてきた。質問などについては、あらかじめ労働評議会からある程度メールで送っていたというが、団交を先延ばしして、時間をかけて言い訳を考えていたという印象の答えである。

また、クリーニング業界のことは一般の人には専門用語が並ぶとわからなくなる。そこで私が解説を加えた。

ロイヤル社社長：データを見ていたら、一時間に四六点の衣料品を受け付けている。これは十分に時間内にこなせる。

私のコメント：クリーニング業界の標準では、ある程度慣れた店員でも一時間に二五点以上預かれば精一杯。クリーニングは預かり作業と同時に引き渡し作業もある。四六点などという数字は異常。

（就業規則はどこにあるのか、従業員に周知徹底されているのかという組合側の質問に対して）

ロイヤル社社長：「受付レジの中に入っていて、画面で見れるようになっている。プリントアウトはされていない。時間が空いたときに見てねと言っていると思う」

私のコメント：レジの中に就業規則はあるが、従業員には伝わっていなかった。一応近くにある、ということにしているだけ。

ロイヤル社社長：残業はダメとはいっていない。それなりの理由があれば働いて、残業として計上する。

私のコメント：理由がないと残業にならないというわけで、タイムレコーダーを根底から無視した言い回しだ。

ロイヤル社社長：働きたい時に来てやるわけではない。来る必要性があってやるわけですよね。やることないのに残業代つけるのはおかしい。

私のコメント：受付をしていない時間は、会社が拘束していても時給は発生しないと考えているようだ。

（ダブリ時間とは何だという質問に対して）

ロイヤル社社長：営業時間の中で、いくらいくらとかダブル時間、店には二〇時間とか、一〇時間とかある。つまり目安の中でのこと。

私のコメント：ダブリ時間は単なる目安だとごまかしている。「働いている人の時間が重なっていい目安」などこの世に存在しない。

（ダブリ時間という会社の指定した残業代は、一時間当たり売上五〇〇〇円以上でないと支払わないのかという質問を受けて）

ロイヤル社社長：現場と話したが、マネージャー自体もそのように告げたと認識はしていない。五〇〇〇円以下はというのはしていない。憶測だが、何かしらの伝わり方のミスで伝わったのか、現場のほうで何か手違いがあったのでは。

私のコメント：紛れもない証拠の業務連絡を入手している。「現場の手違い」とは、団交を一カ月間先延ばしして考えた言い訳ではないか。

ロイヤル社社長：仕事がないのに来たら別。会社は残業するなと命じていません。仕事に必要なことはしろと。これに関しては各工場に申告するように伝えている。

私のコメント：現実には、まずタイムレコーダーを（シフト時間内に?）打刻しろと強制している。各店員が残業を申告しても、マネージャーが認めない場合が多い。

（店員の仕事に関して）

ロイヤル社社長：店員の仕事は、タグ付けるだけ

私のコメント：店員の仕事は簡単といいたいのだろうが、ロイヤル社は各店員に対し、同業他社には存在しない仕事を数多く課している。一年中、一五種類以上に及ぶセール、ワンオペ（常時一人体制）の強制、シミがあれば追加料金徴収、ボタンダウン、サイズ大で追加料金の徴収、一〇種類以上に及ぶ加工のお勧め、コロコロ変わる業務指示、店舗のディスプレイ、たくさんの景品配布と棚卸し、預かり品の仕分けなど、「タグ付けるだけ」などという社長の発言は事実でない。

ロイヤル社社長：一〇時間すべてが一〇時間ピークではない。アイドルタイムもある。幅をつけてやっているところもある。

私のコメント：ヒマな時間は時給を払わなくていいとでも思っているのか。他社と比較して異常に仕事が多い上、預かり点数は他社の一・五倍。これでヒマがあるわけがない。

（店舗ディスプレイの費用を店員が自腹で払っていたことに関し）

ロイヤル社経理部長：毎月支払っていたというのはおかしい。ディスプレイは一〇〇均とかでそろえる。労働者もちにはならない。

私のコメント：ディスプレイ費用は会社から年に二度、一〇〇〇円出るだけ。それなのに毎月マネージャーが店舗に来てディスプレイを強要する。

（互助会費で行う決起大会に関して）

ロイヤル社社長：一〇〇〇人を超える人が集まる。関東と東北の二カ所合わせて。東北のほうが多く集まる。社員が参加できる便宜は図っている。家庭の事情で来れない人には、粗品を送っている。

私のコメント：決起大会は毎年、会社以外の銀行関係者、クリーニング同業者、業界マスコミ、クリーニング資材販売会社などを集めて盛大に行われる。表彰式や会社方針発表なども行われ、その様子は業界マスコミに大きく報じられる。いわば会社の示威行為そのもの。互助会費が九五％も使用されるのはおかしい。従業員の給料から説明なく互助会費を天引きするのは不正である。

それぞれに私のコメントを付けたが、ロイヤル社社長の話を聞いていると、労働基準法を根底から無視している。店舗にいても、仕事をしていないなら賃金はなしと思っているようだ。また、一時間当たりどのくらいの仕事ができるかなど、クリーニング業者でないとわからない話も出てくる。しかし、こちらにはプロである私が付いている。ごまかそうとしても無駄だ。

この社長は、二〇〇九年の建築基準法のときも、「会津工場では石油系溶剤は使用していない」とずっと言い続けたものの、最後は朝日新聞記者の追及によって「使用していた」と白状したいきさつがある。労働基準法を、小手先のウソで逃れられるとでも思っているのだろうか？

交渉は事実上の決裂だ。しかし、中里委員長には何か秘策があるようだ。

7　労働評議会、ビラをまく

ロイヤル社は団体交渉の席に弁護士、社労士まで連れてきて万全の体制で臨んだ。明らかなサービス残業なのだが、それも認めようとはしない。

通常、こういった団体交渉は、「交渉」という名の示すとおり、労働者側が自分たちの労働条件を少しでも良くするために行うものである。春闘などのベースアップ要求などが最たる例だ。ところが今回行った団交は、サービス残業の実態を隠し、違法行為を隠蔽する会社側と、それを推理小説のように解明しようとする組合側の応酬だ。いろいろな証拠があっても、ロイヤル社社長は口先でごまかそうとする。

「よし、ビラをまきましょう」

中里委員長がいった。現在行われている団交の様子やロイヤル社の悪質な実態をビラにして、ロイヤル社の従業員達に配ろうというのである。私はそういう経験がないから、正直いってビックリした。なんだかとんでもないことが始まりそうな予感がした。

一カ月後、ビラの原案がメールで送られてきた。ビラと一緒に、アンケートもしようということだった。労働評議会も当方だけでなく、いろんな案件を抱えていて忙しそうだ。ビラ、アンケートの内容はこうだった。

ロイヤル社はパート労働者を不正に雇用しています
残業代は働いた分請求しよう！

ロイヤル社「うさちゃんクリーニング」で働く皆さん。私たちは労評（日本労働評議会：本部　東京都新宿区高田馬場）という労働組合です。

福島県郡山市のうさちゃんクリーニングの店舗で働いてきたパート労働者が、私たちの組合に加盟しました。仮にA組合員とします。A組合員は会社の行っていることが違法なことだとは知らずに、繁忙期にはサービス残業をやり、休日も出勤し、二年八カ月の間昇給もなく、お店の経費も自腹で払ったりしながら、ひたすら時給七〇〇円で働いてきました。しかし、A組合員はそれが不正なことだと分かり、労働者の持っている権利がないがしろにされていることを知り、会社を許せないと思ったのです。そして、何よりも、現在もうさちゃんクリーニングで働いているパート労働者が誤魔化されていることを思うと、黙っていられないと思い組合に加盟したのです。

私たち労評は、Ａ組合員の加盟を受けて、去る九月十八日にロイヤル社の本社（山形県酒田市）で社長ら役員と団体交渉を行いました。団体交渉で問題にしたところは以下の通りです。

ロイヤル社の数々の不正行為

◆雇用契約書に時給を記入せず、サインさせていました

◆何年働いても時給が上がりませんでした

◆繁忙期やセールに残業しても残業代を支払ってきませんでした。

◆店舗の諸経費やディスプレー費用も労働者が負担してきました

◆互助会の費用も会社のイベントに使われています

皆さんにアンケート調査ご協力のお願い

十月末くらいに会社と第二回目の団体交渉を行います。私たち労評は皆さんの労働条件を良くしたいと思っています。アンケートを同封しましたので、ぜひアンケートに協力して下さい。皆さんから寄せられた意見や要求も参考にして団体交渉に臨みたいと思います。また、組合に質問や相談があれば遠慮なくして下さい。よろしくお願いします。

アンケート調査のご案内

うさちゃんクリーニング店舗で働いている皆さん。このアンケートは私たち労評がロイヤル社と

団体交渉をするために、参考にさせていただく目的で行うものです。皆さんの労働条件の改善に役立てる為ですので、ぜひご協力のほどお願いします。
ご協力いただける方は封筒に入れて投函して下さい。匿名で結構ですが、名前や連絡先などを書いていただける方はお願いします。会社には絶対秘密厳守します。

ロイヤルネットワークはパート労働者を不正に雇用しています

残業代は働いた分請求しよう！

ロイヤルネットワーク「うさちゃんクリーニング」で働く皆さん。私たちは労評（日本労働評議会：本部東京都新宿区高田馬場）という労働組合です。

福島県郡山市のうさちゃんクリーニングの店舗で働いてきたパート労働者が、私たちの組合に加盟しました。仮にA組合員とします。A組合員は会社の行っていることが違法なことだとは知らずに、繁忙期にはサービス残業をやり、休日も出勤し、2年8カ月の間昇給もなく、お店の経費も自腹で払ったりしながら、ひたすら時給700円で働いてきました。しかし、A組合員はそれが不正なことだと分かり、労働者の持っている権利がないがしろにされていることを知り、会社を許せないと思ったのです。そして、何よりも、現在もうさちゃんクリーニングで働いているパート労働者が奴隷化されていることを思うと、黙っていられないと思い組合に加盟したのです。

私たち労評は、A組合員の加盟を受けて、去る9月18日にロイヤルネットワークの本社（山形県酒田市）で社長ら役員と団体交渉を行いました。団体交渉で問題にしたところは以下の通りです。

ロイヤルネットワークの数々の不正行為

◆雇用契約書に時給を記入せず、サインさせていました

会社は半年ごとの契約更新の時に、時給金額を空欄にしてパートに渡し、本人と保証人にサインさせ、後から時給金額を記入して本人に渡します。労働条件の中でも時給がいくらかということはもっとも重要なことです。それを事前に伝えないで、契約書にサインさせるのは不正行為です。

会社はその事実を認め、「会社がやらせたことではなく、マネージャーがミスをしたか、理解が不足していた」と苦しい言い訳をしました。A組合員は5回契約更新をしましたが、毎回そういうことをしてきたのですから、ミスで済まされることではありません。

◆何年働いても時給が上がりませんでした

A組合員は2年8か月働いていましたが、5回の更新でずっと７００円のままでした。5年以上働いても昇給しないという話も聞いています。どうして時給が上がらないのかと聞きました。会社はチャレンジ制度があって、半年に一度パートに自己申告させて上司がそれを評価して目標を達成できれば上がるといいました。こんな制度はまやかしです。パート労働者の時給は一年に一度１０円位づつ上げるのが常識です。どこの業界でも、パート労働者にチャレンジシートなどを書かせません。経験を積めば仕事も早くなり、こなせる仕事量も増えるのですから。チャレンジ制度は時給を上げないためのカモフラージュです。

◆繁忙期やセールに残業しても残業代を支払ってきませんでした。

労評がまいたビラ

※イエス、ノーで答えていただくようにしていますが、意見を書いてもらうところもあります。記入できる範囲でお願いします。

1　出勤時間や労働時間に関して

○タイムレコーダーを打刻する前、打刻した後に仕事をすることがある。（はい　　いいえ）

○マネージャーなど上司からタイムレコーダー打刻後の仕事や打刻前の早出を命じられたことがある。（はい　　いいえ）

○サービス残業をしていると思う。（はい　　いいえ）

○サービス残業をしている場合、一月あたり何時間位になりますか。（　　　　時間位）

2　労働契約と昇給について

○貴方は勤務して何年ですか。（　　年　　ヶ月）

○半年の一度の労働契約書については、時給の欄が空欄になったまま押印させられている。（はい　　いいえ）

○昇給はしたことがある。（はい　　いいえ）

○昇給をしたことがある場合いくら上がりましたか。（　　　　円）

○チャレンジシートは毎回書いている。（はい　　いいえ）

○就業規則をみたことがある。または上司からどこにあるか指示されている。（はい　　いいえ）

○時給は一年に一度くらい上げてほしい。

（上げてほしい　数年に一度で良い　特にこだわらない）

3　勤務実態と給与について

○繁忙期（四、五、六月）と閑散期（一、二、三月）の給与がそんなに変わらない。

（はい　いいえ）

○繁忙期などは休み時間には、ちゃんと休めない。（はい　いいえ）

○早番と遅番の時間が他の店員と重なったとき（いわゆるダブリ時間）、賃金が支払われていない。

（はい　いいえ）

○マネージャーから繁忙期にはダブリ時間は二〇時間出すと言われたことがある。

（はい　いいえ）

○半額セールなどを一年中行っている。定価で受け付けるときより、サービス価格で受け付けるときの方が多い。（はい　いいえ）

4　業務内容と対処

○工場の品質が悪く、ズボンの二重線や破れ、紛失などが時々ある。（はい　いいえ）

○加工製品が一〇種類以上あり、客に勧めるが、負担に感じている。（はい　いいえ）

○顧客にいつも会社から配布された景品をプレゼントしている。景品配布や棚卸しを負担に感じている。（はい　いいえ）

○シミを見つけたとき、最初からクリーニング料金と別にシミ抜き料金を取っている。

（はい　いいえ）

○店舗ディスプレイに関して、会社から支給される費用では足りず、自分の金を使ってディスプレイをしたことがある。（はい　いいえ）
○クレーム処理を上司がせず、いつも自分達でしている。（はい　いいえ）

5　互助会関係

○会社の主催するイベントに参加したことがある。（はい　いいえ）
○傷病時の見舞金や祝い事の祝い金などを互助会からもらったり、又は他の人が貰ったのを見たことがある。（はい　いいえ）
○互助会費の使われ方が会社のために使われている気がする。（はい　いいえ）
※最後にご意見があれば何でも結構ですのでお書きください。

アンケートご協力ありがとうございました。

面白い内容なので、これは期待が持てる。

労働評議会の若い組合員二人は福島県内でアンケートを店員に手渡しした。会津若松、福島、郡山と約三〇店舗へ行った。対応は地域ごとに違う印象だった。

郡山のある店舗では、「残業代は出ます！　申請すれば出ます！」と強弁に反論してきた店員がいた。情報提供者によれば、それはその時間にたまたま入っていたその地域のマネージャーだという。その後、マネージャーから各店に指示があり、「ビラとアンケートは本部に回収するように」とのことだった。

数日後、労評は山形県でもビラまきを行った。この後、ロイヤル社の弁護士から労働評議会に連絡があり、「不法な建造物侵入であり、不法侵入だ。今度やったら法的措置を取る」との連絡があった。ロイヤル社各店舗にも業務連絡があり、「お客様以外が来店された場合の対応について：宗教団体や勧誘、誹謗中傷団体、その他上記以外の方の店舗への入店はお断り下さい。店舗にはお客様の大切なお預かりものがあります。個人情報もあります。また、そのような団体などの配布物も受け取らないで下さい」という業務連絡があった。先方も対策を打ってきたのだ。

各店舗への手配りが難しくなり。ビラとアンケートを郵送することになった。どこに店舗があるかはロイヤル社のホームページから把握できる。直接手渡しし、各店員の反応を聞くことはできないが、確実に各店に届くだろう。

しばらくすると、アンケート回答が労働評議会に続々と送られてきた。多くは郵送で、中にはＦＡＸで書かれたものもあった。

これらの中身は強烈だった。どれもがロイヤル社のひどい労働実態を示すものであり、単に○か×で答えるだけでなく、ロイヤル社への恨み辛みを延々と書き、用意された空欄で間に合わず、裏に書いたり別の紙に書いたりされていた。ロイヤル社の進出するすべての地域から届いた。

ロイヤル社は各店舗に対し、ビラとアンケートの回収命令を出していたようだが、回答してきた人々は、回収される前にアンケートをコピーするなどし、必死で送ってきたという苦労話が書かれたものもあった。

会社側の妨害工作にもかかわらず、送られてきた回答は八〇通にも及んだ。

多くの人が、会社側に非常な不満があることがわかったが、ここまでひどい労働環境にしているロイヤル社の悪辣さもありありと窺うことができた。

これにより、次回の交渉に有利な材料が揃った。

8 ロイヤル社、残業代を払う

一方、ロイヤル社はHさんが在籍時、同僚だったSという方に「ヒアリング」と称して話を聞いた。Sさんは、本社から来たという人物と、担当マネージャー、さらにはマネージャーの上司に当たるブロック長などに囲まれ、話をすることになった。

SさんはHさんと接点が多く、「Hさんの話は事実で、私たちは紛れもなくサービス残業をさせられていた」と証言した。ダブリ時間の存在、資材の自費購入や、顧客への紛失品賠償も自分で行ったことも話した。上司は「ショックだ」と漏らしたが、Sさんが何か発言するたび、マネージャー、ブロック長（いずれも女性）は「申告すれば払った」、「いわれないからわからなかった」と反論したという。ロイヤル社のアンケートでは多くの店員達が上司のパワハラを証言しており、この様な状況で話をさせたのも良識に欠ける行為である。しかし、この時点でSさんはロイヤル社を退社することが決定しており、ある程度サバサバした状況で話せたという。

本社から来た上司は、本当に現場の問題を何も知らなかったのだろうか？　知らなかったのなら会社としての連絡機能は完全に失われている。
十一月十日、ロイヤル社は労働評議会に対し、ヒアリングを行った結果の回答書として次の様な文書を送ってきた。

団体交渉申入書に記載されました、議題につきまして、当社の見解及び回答をご連絡いたします。

1　雇用契約に関する問題
回答：契約書締結の手順に不備があった事をお詫びいたします。
(1)　時給金額を明示しなかった件については、当社では確認できませんでした。
(2)　労働時間が六時間から五・五時間に変更になった説明が無かった件については、当社では確認できませんでした。
(3)　年次有給休暇の取得可能日数が未記入だった件については、事実を認めます。

2　昇給に関する要求
回答：要求事項は当社人事権の侵害と認識しています。
しかしながら、評価結果のフィードバックが無かったのは事実で、今後フィードバック出来る環境の整備と指導の徹底を図ります。

(1) チャレンジ制度はパート労働者に適用することを止めることの要求については、拒否します。
(2) パート労働者には、別の昇給制度（勤続年数基準での昇給）との要求については、拒否します。

3　労働時間に関する問題

回答：当社算定基準に従い　二三八、七六八円を支払います。

見解：当社の一般的なパートスタッフの処理能力から判断すると、残業代は、要求されている金額の八七万五〇三五円には達していなかったと判断します。しかしながら、同僚からの聞き取りからサービス残業の事実は認められるため、その限度で支払いを行います。個人の受付処理能力は、個人差があり、また時間帯によっては処理能力を超える部分があります。処理できなかった部分は、次の人に引き継ぐ、または翌日に回す、応援申請やダブリ申請をするルールになっていましたが、指摘されている連絡事項により、ダブリ申請がしにくい環境にあったものと判断します。したがいまして、今回は算出基準を設け、支払をしたいと思います。今回の算出に当たっては争点となっている一時間あたり売上五〇〇〇〇円を基準に算出します。二〇一二年七月二十一日～二〇一四年七月二十日までの間で五〇〇〇〇円×十一・五時間＝五七、五〇〇円を超える売り上げからダブリは発生していたとします。処理可能点数は、一時間あたり点数二〇点、一点当たり三分になります。ダブリの処理時間は、一点当たり三分として計算します。実際には、引き取りのお客様も来店されますが、一般的な受付担当者で受付～レジ打ち～検品までの処理で一点あたり一分以内で可能です。一点あたり三分は余裕を見た設定にしています。

郡山地区の一点単価は、約二五〇円のため一〇〇〇〇円の売上が増加すると四点の受付があったという計算になります。

4　負担した経費などについて

回答：郡山工場管轄の二年分の経費をもとに基準を設けて金額を算出し、一二、七四八円の限度でお支払いします。

算出基準

管轄工場一三店舗の二年間の経費支出は、消耗品で一二二、〇〇五円　ディスプレー関連で四三、六三五円になりました。一店舗一か月あたりは、五三一円になります。三二か月分では、五三一円×三二か月＝一六、九八九円　日和田店への支払い済みの分四二四二円を差し引くと一二、七四八円になります。

質問1　取扱い点数と労働時間について

(1)　一時間に四七点を余裕でこなせるか

個人の処理能力の差はありますが、店舗経験二・五年後、事務二年の人で実演してもらったところ、受付〜レジ打ち〜検品で三〇秒　タック付けで一五秒　お見送り五秒　で約五〇秒でした。単純計算で七六点は可能、その間に引き取り等があるが、四七点は十分可能という判断でした。

(2)　他社と比べて総労働時間が少ないのはなぜか

他社のやり方は分からないが、その差がノウハウの蓄積だと考えます。研修会の実施や専用レジの開発、電子マニュアルの充実、タック等の改善等、大小さまざまなノウハウの結果であると考えます。

また、当社は当日仕上げを基本としているため、店舗の在庫が他社と比べ少なく、引き取り時に品物を探す時間は、大幅に少なくなっています。

質問２　ダブり時間について

サービス残業はやらないよう、全従業員に伝えてきましたが、周知が徹底されていませんでした。今後、会議や研修会を使い、更なる徹底を図るとともに、定期的な監査や調査の実施により定着を図ります。

(3)　互助会について

雇用契約締結時に説明し、また決算報告書も提出しています。説明や周知はあったと認識しています。また、規約に則り運営しており、流用には当たらないと判断します。しかしながら、今後互助会の運営については、見直しの検討も行います。

これは全く身勝手な理屈である。残業時間の計算方法では、この会社独得の「ダブリ時間」だの「一時間当たり売上」だの、一般の基準にはない算出方法が取られている。

クリーニング店員の労働時間は、売上では算出できない。なぜなら客は毎時間均等に来るわけではないからだ。ヒマなときもあれば、客がずらりと並ぶ時間帯もある。営業時間終了直前に客が来たら、それだけで残業になるだろう。「売上がこれだけだから、残業はこのくらい」という発想はナンセンスである。

また、ロイヤル社は算出の基準を自社の数値にしている。そもそもサービス残業を前提としている会社の基準なんて参考になるわけがない。屁理屈もいい加減にしてもらいたい。

一時間に四七点の根拠（最初の話では四六点だったが、いつの間にか一つ増えている）だが、これは無人の状態でタグを付けることを前提とした数値だ。客との会話、検品、シミの確認と追加料金、一〇種類以上もある加工料金のお勧め、一〇種類以上もある割引券のチェックと商号などはどうなっているのか。また、店舗を運営する上で店舗の掃除、配送員の入荷、出荷管理チェック、プレゼント品の在庫管理と棚卸しなどの作業もある。その上、この会社は品質が悪く、客からの苦情もたっぷりと聞かされる。上層部は現場のことを全くわかっていないのだろう。

総労働時間が少ない理由については、この会社には優れたノウハウが蓄積されているとのことだが、多くの情報提供者に聞く限りにおいて、ロイヤル社には物理的に画期的なシステムとか、作業を短縮できる優れた機械などは存在しない。上司の恫喝と無謀な目標設定により、従業員を馬車馬のように働かせているだけだ。残業代を払わない言い訳が、「当社には優れたノウハウがある」とはお笑いぐさだ。

ダブリ時間に関しては、そもそもこんな制度を作ったこと自体、残業時間を制限し、必然的にサービス残業をさせる仕組みに他ならないではないか。互助会に関しても、会社側のいう決算報告書自体が正当な目的に使用されていないことを証明している。いくら屁理屈をこねようと、会社ぐるみでサービス残業をさせ、給料を天引きして経費を節減しようとしていたことは明白だ。語るに落ちるということだ。

その後労評とロイヤル社は何度か意見の交換があり、二度目の団交は十一月二十三日に行われた。今回も私が車で中里委員長らを連れて行った。

当日は先にロイヤル社から最終回答書をもらっており、それに沿っての交渉だった。ロイヤル社の回答書は以下の通り。

最終回答書

十一月二十二日の最終意見書に基づき、当社の最終回答書を提出します

H組合員の不払い賃金などの支払いについて

1　残業代関係

残業時間の算定基準について、貴組合との隔たりは最終的に埋まりませんでした。合理的根

拠は見出せませんでしたが、当社より下記内容をお支払いいたします。
貴組合の要求額八七万五〇三五円と当社算定額二三万八七六八円の平均額五五万六九〇二円をお支払いいたします

2　経費の負担
前回、回答書の通り、二二七五八円をお支払いいたします。

3　互助会経費の返還
互助会費については、期間中一度もイベントへの参加が無かったことを考慮し、過去二年分の費用一万二千円をお支払いいたします

4　立て替えたワイシャツ代金
従業員による弁済費用の立て替えは、あってはならない内容と認識しています。詳細な内容を説明いただくことを条件に弁済費用一万三千円をお支払いいたします
お支払金額の合計　六〇万四六六〇円
尚、労働契約書の取り交わしは、前回、回答書で述べましたとおり、現在当社の従業員が貴組合には在籍していないため、不要と判断しています。

インフルエンザに罹ったという社長のため、全員マスクをしての団交となったという。ロイヤル社側の参加者は前回同様で、弁護士と社労士も参加していた。ロイヤル社の残業代の計算方法は理不尽だが、組

合側も具体的な証拠に欠けるため、あまり突っ込むことはできなかった。これにより、ロイヤル社側が提示した折衷案が採用され、計約六〇万がHさんに支払われることになった。

全額支払われたわけではないが、相談しなければもらえない金額を得ることができたので、Hさんは喜んだ。しかし、Hさんが既に退社しているということで、単なる金額の支払いだけで終わり、会社を改善できなかったのは残念だ。この団交のとき、要望書が提出された。これは、クリーニング業者としての私の意見も多分に加味されている。

会社に対する要望書

労働条件以外のことも含めて、貴社への要望を述べます。

1　時間当たり売上の廃止

ファストフード店や問題となっている牛丼のすき家のように、時間当たりの売り上げを指標として従業員の労働時間などを管理しているところがありますが、クリーニング業界では合致しないと思います。店舗に引取りだけで来るお客は売り上げにならないし、クレームの処理や会員登録の更新など、直接お金にならない作業もあります。時間単位の売上額で残業になるかならないかを決めることは不合理ですので、この制度をなくすべきだと思います。

2　ダブリ時間の廃止

貴社が使うダブリ時間という概念は店舗の作業は一人体制が基本だとして、二人の店員が業務をすることは会社側が決めていくというものです。ダブリ時間が月に二十時間としてその範囲で二人体制を認めるというやり方は、完全にサービス残業を促進するものです。したがって、ダブリ時間という指標を廃止すべきだと思います。

3 異常な目標数値の廃止

貴社は六十数軒ある自社工場に、「人時生産率四〇以上」という異常な数値を目標としていると聞き及んでいます。業界の平均値は二〇程度であるとのことで、貴社はその二倍の仕事量を目標としています。これでは労働者が疲弊するのは目に見えており、品質も悪化し、顧客にも良いサービスを提供できません。これは一点目の店員の売り上げ目標数値と同様に、会社が業界の平均水準をはるかに超えた目標値で労働者を縛ることは廃止していただきたいと思います。

4 クレーム処理はマネージャーに

組合のアンケートではクレーム処理を上司ではなくいつも自分達でしているかどうかという問いに、「はい」が一〇、「いいえ」が七でした。半数が自分たちでクレーム処理をしています。クレームの対処は厳しい仕事です。基本的にマネージャーがクレーム処理をするように徹底して欲しいと思います。

5 お中元とお歳暮を店員にさせない

路面店では必要ありませんが、テナントに入っている店舗はスーパーの店長にお中元やお歳暮を贈ります。これを店員にさせるのは筋違いと思います。本来は会社とスーパーで契約しているので、店長個人に贈答品など贈る必要はないと思いますが、店員からすれば賄賂を渡しているような気持になります。やるなら会社上層部がするべきだと思います。

6　怪しい加工の中止

アンケートでも十数種類以上の加工製品を顧客に勧めるのは負担であるとの声が多くあります。そしてその加工の効果が怪しいものがあると思われます。貴社のホームページには「健康クリーニング」と称して、衣料品が遠赤外線を放つということが示されていたり、マイナスイオンクリーニングなどとも書かれていますが、薬剤が一部しかかかっていないなどの証言もあり、単価アップのために多くの加工品を作るのは中止すべきと思います。また、加工証は工場でつけるものだと思いますが、店員がつけているという証言もあり、それも改めるべきだと思います。もし、加工製品を継続するなら、品質をきちんと保証できるようにすべきと思います。

7　しみ抜き追加料金の廃止

アンケートでも六〇％の労働者がシミを見つけた時に、しみ抜き料金を徴収するようにしているとのことです。これは消費者契約法に抵触する行為ですので、廃止すべきだと思います。クリーニング業界で消費者からもっとも多い苦情は「いきなりしみ抜き」だと聞いています。違法の疑いがある行為は中止すべきだと思います。

8　マネージャー制度の再考

マネージャーが現場の労働者の管理を行っているわけですが、マネージャーは店員上がりの人が多いと聞いています。労働法などの知識もあまりなく、売り上げを伸ばして経費をできるだけ削ることだけに気がとられ、店舗の労働者に過酷なことを強いている事例も聞きます。マネージャーの機嫌が悪いから残業を報告できなかったという声もあります。マネージャーに抜擢するに際しては、きちんと研修期間を設けて、管理職としての知識、資質を身に着けるようにすべきかと思います。

9　品質の向上

これは人時生産性などにも関連することですが、過酷なノルマのなかで品質が低下していることがアンケートでも指摘されています。問いとして「工場の品質が悪く、ズボンの二重線や破れ、紛失などが時々ある」と呼びかけましたが、答えは全員「はい」（一九人）でした。「いいえ」は〇です。ここにも示されているように、店舗でも工場の品質の低下に苦しんでいます。品質第一が何よりも顧客との信頼関係の基準だと思います。真剣に品質向上に取り組んでいただきたいと思います。

10　外国人技能実習生の虐待の禁止

貴社ではフィリピン人の外国人技能実習生を受け入れていると聞いています。郡山工場ではその実習生が工場長から怒鳴られて、泣きながら仕事をしていると漏れ聞いています。多分に過重な生産ノルマのもと、慣れない実習生を怒鳴り飛ばして仕事をこなさなければ追いつかないという事情もあるかもしれませんが、本来であれば外国から技能を学ぶために来た実習生なのですから、国際交流のためにも尊重して扱うべきです。非人道的に怒鳴りながら仕事をさせるような行為は厳に慎むべきことだと思います。

11　二重価格の廃止

貴社の数々の割引き制度を駆使して、ほとんど定価で引き受けることが少ない現状は、「景品表示法」でいうところの二重価格にあたるものと考えます。アンケートの中でも「これでは定価で支払うお客さんが可哀想になる」との意見もあり、二重価格は廃止すべきだと思います。

12　制服の貸与

アンケートで多くあった意見に、最初は制服を与えられるが（新品ではない場合が多い）、その後は自分で購入しているというものがありました。制服は会社が貸与するのであれば、初回だけでなく、適宜支給していただきたいと思います。

13　企業コンプライアンスの確立

ホームページの宣伝文句も誇大宣伝にあたるような文言もあり、貴社は、かつて建築基準法違反をマスコミで取り上げられたり、温室効果ガスを「環境にやさしい」と宣伝して物議をかもしたりしてきました。今回は労働問題で労基法違反の事実も発覚しました。これを機会に企業内コンプライアンスを確立することは極めて重要なテーマであると考えます。貴社に働く労働者が誇りを持って働けるような企業にするために、コンプライアンスの確立を強く求めます。

どの項目も至極当たり前のことではあるが、これをみた社長は、「ま、今後の参考にはしますけどね」と吐き捨てるようにいったという。すぐ実施されたのは6の一部だけだった。「健康クリーニング」だの、

「マイナスイオンクリーニング」などということがあるとは思えないので、これをなくしたのはむしろロイヤル社にとってプラスになったと思う。こうして、おおよそ五カ月間に及ぶ団体交渉は、ロイヤル社側が約六〇万円を支払うことで終結した。

9　新たな闘争へ

極悪ブラック企業

Hさんの団体交渉を巡る動きは、先にロイヤル社の悪質商法を糾弾したことのある月刊誌FACTAが、団体交渉の一部始終を報道した。タイトルは、「パートに残業強いる極悪ブラック企業」、強烈だ。ここではじめてロイヤル社に対し、「ブラック企業」という言葉が登場した。

この話題は「YAHOO!ニュース」でも取りあげられ、ネットでも拡散し、辛らつな批評が多く書かれた。このようにして、ロイヤル社は広く世間にブラック企業であることが認識されたのである。

ところで、FACTA誌の使用した「極悪ブラック企業」という言葉だが、社会問題であるブラック企業をさらに悪くした意味合いがくみ取れる。

ブラック企業の定義とは、辞典によれば次のようなものである。

「労働条件や就業環境が劣悪で、従業員に過重な負担を強いる企業や法人。長時間労働や過剰なノルマの常態化、セクハラやパワハラの放置、法令に抵触する営業行為の強要といった反社会的な実態がある。ブラック会社」

この中では、労働者に対するひどい扱いのみが書かれている。Hさんの証言などによればおおむねこれが該当するようだ。

しかし、ロイヤル社の場合は労働者だけの問題ではない。怪しげな加工やトッピング商法で消費者をも犠牲にし、建築基準法に違反して不正な工場を二四カ所も建て、周辺住民を危険にさらし、温室効果ガスを環境にやさしいと宣伝して環境破壊まで行う。被害を受けているのは労働者だけではない。これでは、FACTA誌による「極悪ブラック企業」という表現は、まさに的を射ているではないか。

ロイヤル社の先延ばし作戦

明けて二〇一五年になると、Hさんと一緒に働いていた同僚達も、「私たちも同じ働きをしていたはずだ」として労評に加盟、ヒアリングを受けたSさんを含む三人がロイヤル社に対して未払い残業代の請求を行った。三人とも、Hさんと全く同じように働いていたのだから、ある意味当然の行動である。労働評議会は二〇一五年四月七日付で三人の団体交渉申込書をロイヤル社に送付した。

これに対しロイヤル社は、「現在、繁忙期であり、忙しくて応じられない。六月以降にしてもらいたい」、「本人達から一人ずつ、直接話を聞きたい」などと、先延ばしをねらってきた。また、「組合員ときちんと対面したい」などと、本人達と直接会うことを要求してきた。

このようなことで、中里委員長とロイヤル社代表が直接会ったのは六月二十六日になってからだった。

なかなか交渉が進まず、結局団交が実現したのは年末の十二月二十八日だった。またロイヤル社本社が会場となり、私はまたしても中里委員長を乗せ、真冬の出羽三山の中を走った。しかも、ロイヤル社が信じられない様な低額の金額を主張したため、交渉はわずか三十分で決裂した。
翌年の二〇一六年、労評は再び団交を申し込むが、先延ばしされ、「繁忙期だから、我々も現場に出ている」などと結局六月まで待たされた。
昨年六〇万円を払った人と全く同じ働きをしていた人たちなのだから、同額を支払うと思っていたが、

「パート」に残業強いる極悪ブラック

業界2位の「うさちゃんクリーニング」が、たった一人の女性パート従業員の「反乱」にお手上げ。

たアンケート

格安クリーニングの最大手「ロイヤルネットワーク」（以下、ロイヤル社）が、たった一人の元女性パートの「反乱」にお手上げだ。同社は、ピンクの看板が目印の「うさちゃんクリーニング」をはじめ数々のブランドで全国69工場、656店を展開。10期連続増収、年商100億円を達成し、「業界の風雲児」と持て囃される。

創業者の仲條啓三氏（77）が中学卒業と同時に集団就職で上京し、東京のクリーニング店で働いた後、23歳の時に故郷の山形県酒田市でクリーニング店を開業したのがルーツだ。街のクリーニング店が激減するなか、「ワイシャツ100円」の格安を売り物に目覚ましい成長を遂げ、富裕層向けの白洋舎に「加工&付加価値」なる追加料金を求める「トッピング商法」が問題となり、急成長の歪みが露呈した（本誌13年12月号参照）。

パートが駆け込む「合同労組」

総務省が昨年12月にまとめた労働力調査によると、非正規従業員は前年同月より48万も増え、初めて2千万人を突破した。企業の定年後の再雇用やパートに出る女性が増えているためで、雇用者全体に占める非正規の割合は37%に達した。ご多分に漏れず、ロイヤル社の従業員約2600人のうち9割強は女性であり、多くは子育てが一段落した中高年パートとされる。

スーパーマーケット内の「うさちゃん」店舗で2年8カ月間働いたAさん（56歳、福島県在住）もその一人だ。残業代は貰え

合同労組とは、労働者が一人でも加入できる労働組合だ。企業組合とは異なり（そもそもロイヤル社に労組はない）、企業の枠を超えて組織される。ちなみに労評の設立は1979年。関東、東海、関西に地方本部を置き、組合員は約400人。これまで非正規労働者が残業代や有給休暇などの権利を主張することは少なかったが、ネットの普及で情報取得が容易になり、パート労働者の相談も増えている。

Aさんの訴えを聞き、ロイヤル社との団体交渉に当たった中里好孝東京都本部委員長（64）は「業界2位の企業が時給700円のパートにサービス残業を強いるなんて前代未聞。とんでもないブラック企業だと思いました」と言う。

中里氏は、Aさんへの残業代の支払いな

FEBRUARY 2015 FACTA 52

「極悪ブラック企業」と報じる月刊誌記事（『FACTA』2015年2月号）。

「会社で調べてみたら、このくらいだった」と、ロイヤル社担当者はとんでもない低い額を提示してきた。ほとんど、Hさんの三分の一程度。それでも、証拠がないことと、山形県酒田市にあるロイヤル社本社まで行くのは大変であり、妥協せざるを得なかった。

新たな闘争へ

しかし、大きくマスコミで報道されたことや組合の一連のビラまきなどは、あちこちで新たな芽が出る結果となった。この後、当NPOや労働評議会に連絡をくれるロイヤル社従業員、元従業員が何人も出てきた。みんなサービス残業をさせられ、マネージャーのパワハラに苦しんでいた。会社の方針に対する不満が多く、ロイヤル社への不信感は相当なものであるようにも感じられた。

相談者の中には、何度か労働基準監督署へ行き、ひどい状況を説明しているけれど、労基は通り一遍の指導しかしないし、さっぱり改善されないという。労働基準監督署に対する不満を口にする人もいた。

ロイヤル社は東日本一円のほとんどを商圏としているが、特に東北地方においては、関東などと比較して産業が発展しておらず、仕事場が少なく、ひどい職場なのに辞めるに辞められないという悩みが多い。他にあまりいい職場がないのをいいことに、好き勝手に振る舞っているようにも思える。

10　暴かれたクリーニング業界の労働環境

その後、当NPOクリーニング・カスタマーズサポートにはいろいろな相談が寄せられるようになった。ほとんどがどこかのクリーニング会社に勤めている従業員達で、「売上が七万円以上にならないと残業代が出ない」、「店員をやっているが、人手不足で月に二日しか休みがない」、「週末は午後零時になっても仕事が終わらず帰れない」、「契約書に昼休み時間が一時間半となっているが、実質は全く休んでいない」、「工場が暑く、夏は五〇度以上になり熱中症で倒れる作業員が続発する」などの労働相談ばかりだった。クリーニング業界の労働環境は猛烈に悪いのだと改めて考えさせられる。

クリーニング業界で働く人が労働条件などで相談しようとしても、相談するところがない。クリーニング業は厚生労働省管轄で、各都道府県にはクリーニング生活衛生同業組合があるが、理事長らがみんな零細業者なので「ワシらはわからんのじゃ」と話にならない（この件は後で触れる）。労働問題を扱うのは労働基準監督署だからそこへ行くが、あまり熱心に取り合ってくれない（この件も後で触れる）。どこにも相談窓口がないので、当ＮＰＯがクリーニングで働く労働者の受け皿になったようだ。

一方、ずさんな労働環境が発覚したロイヤル社は、この件でひるむどころか、ますます拡大を続けていった。首都圏では競争の中で業績を悪くし、苦戦を強いられていたクリーニング業者が出てきたら、それらを買収し、大きくなる一方だ。

団体交渉で明らかになった問題などは、会社の中で話題になることはなかったようだ。一般にサービス業は一カ所に大勢の従業員がいないので、情報の伝達が難しい。

会社運営においては、決定的な打撃（行政処分や逮捕など）を受けない限り、悪いことは「やったもんが勝ち」状態になる。建築基準法違反に関しても、行政指導により違反工場が是正されても、それまで違法操業で儲けた利益を返還する必要はない。バレたときまでそれで儲けることができる。なんとも理不尽だ。

ロイヤル社の一連の労働問題は、一部で話題にこそなったものの、業界紙が取りあげたり、業界で何か動きが起こることはなかった。というよりも、多くの業者が話題にするのを避けた。

それは、多くのクリーニング業者にとって、労働問題は避けて通りたい問題だったからである。ほとんどの会社で、労働基準法が遵守されているとは言い難かった。ロイヤル社ほどではないが、それぞれ何らかの問題を抱えており、決して話題にしたくないことだったのだ。その点で、建築基準法違反とよく似た問題でもある。

クリーニング工場はボイラーが熱源となり、工場中の乾燥機や仕上げ機に熱が供給されているため、夏は大変な暑さとなる。決して良い環境とはいえない。店舗でもスーパーマーケットなどのテナントに入店すると、年中無休の長時間営業が要求される。このような状況で低料金を続ければ、運営は厳しくなるだろう。寄せられる相談も、たいていは低価格のクリーニング会社の従業員だった。

しかしながら、どのような業種も人を雇わなければ事業が動かない。労働問題が話題にならないのは本来おかしい話だ。クリーニング業者達は耳をふさいで聞かなかったことにしたいようだが、なぜそうなのかは、次章で明らかにする。

第3章

ブラック企業誕生の秘密

前章ではロイヤル社の団体交渉を通じ、クリーニング業界の異常な労働環境などを暴いていったが、そもそもこの様なおかしな状況はなぜ発生したのだろうか？　それについて説明するのがこの章である。

ブラック企業は一朝一夕に誕生したのではない。それを誕生させる環境があって登場したのである。そこには、業界団体を始め、行政、政治などが絡んでいる。ここに、クリーニング業界ばかりでなく、他の業界にも共通するブラック企業誕生の秘密を紹介したい。

1　日本クリーニング界の歴史

人間が衣料品を纏《まと》うようになってから、それを洗うことが始まった。しばらくは、洗濯とは水で洗うことだったが、衣料品の新素材があみ出され、普及していくに連れ、水で洗えない素材（ウール、絹等）を洗う方法が開発された。それがドライクリーニングである。ドライクリーニングとは衣料品や寝具を水以外の溶剤で洗うことをいうが、現在でも多くは石油系溶剤が占めている。

日本に伝播されたドライクリーニング技術は、当初は「西洋式洗濯」と呼ばれ、技術を習得した職人達が開業し、そこへやってきた丁稚達が親方に習って技術を覚え、やがて独立していくという形で国中に広がった。この様に、当初、クリーニングは職人の仕事と認識されていた。

昭和三十二年に生衛法が施行されると、クリーニング環境衛生同業組合（後の生活衛生同業組合）が結成された。クリーニング業も資格制度ができ、「クリーニング師」という資格がないと開業できなくなった。増え続ける需要の中で各業者は和気藹々《わきあいあい》と発展を続けていた。

昭和三十年代後半、優れた洗濯機や仕上げ機が開発されると、クリーニングも生産性が大幅に向上した。それまでは職人がアイロン一丁で仕上げていた仕事を、パートタイマーが数倍、十数倍というスピードで仕上げることが可能になった。これにより、大手業者が続々登場、彼らは次々と店舗を建て、安さを武器に急発展した。これに対し、既存の業者は猛反発、行政とのつながりを頼りに法規制などをしかけ、大手を抑制しようとしたが、結局大手はその後も成長を続け、市場の大半を奪っていった。

日本のクリーニング業界は他国と比較して独自の発展を遂げた。戦後は経済発展を遂げた日本だったが、高度成長期でも「一億総中流」などと呼ばれ、中間層が発達した。これはクリーニング需要には全く好都合で、大手業者によって手頃な価格になったクリーニングは、あっと言う間に多くの国民に浸透した。

統計では、八、九割の方々がクリーニングを利用している。この様な国家は他に見当たらない。日本は世界に冠たる「クリーニング大国」であるといえるが、それは、生産性の高い、大手クリーニング業者によってもたらされた成果である。従来型の個人経営業者は、もはや完全に蚊帳の外となっている。このように大手業者が席巻した日本クリーニング界だが、行政の不備や利権構図により、現在でも「業界の代表」は、従業員のいない、個人業者ということになっている。この章では、この矛盾について詳しく述べたい。

2　生衛法施行と大手業者の登場

生活衛生関係営業

日本の業種区分において、「生活衛生関係営業」、略して「生衛業」という分野があることをご存じだろうか。昭和三十二年、当時の厚生省（現・厚生労働省）は「生活衛生関係営業の運営の適正化及び振興に関する法律（略称：生衛法）」を施行させ、この法律が管理する業種を一八種類規定した。これには大きく分けて三つある。

1　サービス業（理容店、美容店、映画館、クリーニング店、銭湯、ホテル・旅館、簡易宿泊所、下宿営業）
2　販売業（食肉販売店、食鳥肉販売店、氷屋）
3　飲食業（すし店、麺類店、中華料理店、社交業、料理店、喫茶店、その他の飲食店）

このような分類になっていた。この中には時代の移り変わりによってあまり姿を見なくなった職業もあるが（銭湯、氷屋など）、それぞれ生活に欠かせない業種ばかりであった。この時代、これらの業種は、まだ「大手」といえる企業がほとんど存在せず、全国の商店街にこれらの店舗が並んでいた。

昭和三十年代、「三丁目の夕日」の時代には、まだ公衆衛生が行き届かず、腸チフスや破傷風、赤痢などが発生していた。これら職種を行政が「衛生を保つべき職業」と分類したのは、それなりに説得力がある。

さらに、厚生省は各業種に組合の結成を呼びかけ、それぞれの業種別に環境衛生同業組合（現在の生活衛生同業組合）を結成させた。大手業者もおらず、それぞれの規模が横並びだったこともあり、この時代にはどこの業種もまとまっていたようだ。

環境衛生同業組合は各都道府県に一八の業種にそれぞれ作られ、業種ごとに中央に上部組織が設けられた。クリーニングの場合、全国クリーニング生活衛生同業組合連合会（全ク連。会員数は二〇一七年現在約八〇〇〇人）が誕生した。

当時の状況について、『天下りとは何か』（中野雅至著、講談社現代新書）という書籍は、以下の様に述べている。

生活衛生関係営業とは生活に密着したサービスを提供する業種で、具体的には理美容、銭湯、旅館、クリーニング、飲食店業界などが該当します。これらの業界は小規模零細企業が大半です。しかも、数が多いのでどうしても競争が激しくなり、潰れることも多々あります。そんなこともあって、ライバル同士が競争するのを制限するような規制（＝過当競争防止策）がたくさんありました。

今では廃止されているものもありますが、理美容店の値段や休日が全店共通だったのを覚えている方も多いと思います。あるいは、銭湯には距離制限というものがあって、一定の距離を離して作らなければならないことになっています。

確かに、銭湯や理容店の料金は一律だったし、クリーニングや中華料理店もそうだった。高度成長期の中、各業種はそれぞれどんどん需要が伸びるばかり。ライバル間の競争も起こらず、和気藹々とした運営が繰り広げられていたのである。

また、生同組合には特典がいっぱい付けられた。国から低利で融資を受けられる（銀行から融資を断られるようなところでも、ハードル低く受けられる）し、経営相談にも乗ってもらえる。研修会などの行事には、助成金や補助金が付けられる。役員を長く務めれば、国から表彰もされ、讃えられる。組合はいいことばかりだ。このようなことから、各業種の中で生活衛生同業組合（生同組合）は発展し、多くの業者が組合入りした。

大手業者の登場

やがて昭和四十年代以降になると、時代に合わず衰退する産業（銭湯、氷屋、映画館など）が出てくる反面、業種によってはイノベーションが起こり始めた。各業種で技術が向上し、機械化が進み、生産性が向上したため、問屋制家内工業から脱皮し、企業化する業者が少しずつ増えてきた。大手業者の登場である。すし店には回転寿司の店が増え始め、価格も安く、スピードも速く顧客に寿司を提供できるようになった。クリーニング店は大型の工場が登場し、生産性が格段に上昇し、周囲に取次店をたくさん作って価格を下げ、品を集めた。理美容業界にも一〇〇〇円カットのような店が登場した。中華料理店、料理店などは居酒屋や牛丼店、ラーメンチェーンなどで全国展開するところも頻出し、食肉販売店は大型のスーパーになり、やがて多店舗展開するに至った。各企業が大きくなれば、当然、従業員を何人も雇うようになる。既存の業者がほとんど家族だけで運営している中、大手業者はどんどん人を雇い、規模を拡大していった。

旧態依然の業者は次々と大型店に客を奪われていったが、各業種の生活衛生同業組合は、法規制などでこれらの大型店に反発し大手と個人が争うようになった。これら業種の中で、特に既存業者の反発がひどかったのがクリーニングである。

昭和三十年代、九州で大型の工場を建設し、その周囲に多くの取次店を開店させる営業方式（取次店方式）が始まった。価格も大量生産を武器に組合規定価格の半額、三分の一に抑え、大繁盛した。この業者は消費者ニーズを確実にとらえたのである。これに対し、それまでの個人業者達はこの会社の取次店の前

取次店の前で営業妨害する個人業者たち。この時代、こういう光景があちこちで見られた（1963年、業界紙『全ドラ』より転載）。

に集合し、露骨な営業妨害を行った。臨時店舗を設置、客を取次店に行かせまいとするなど、ひどい妨害行為が行われている。このようなことはあちこちで行われ、数々の嫌がらせが大手業者を悩ませた。

しかし、時代の流れと価格の安さは魅力であり、消費者ニーズはどんどん新興の業者に傾き、各業種とも、大型店は次第に市場シェアを奪っていった。

このような流れで、各業種で既存の小規模業者と大手業者に分かれ、対立が起きると、大手業者は生活衛生同業組合から追い出されるか、自分からやめていった。また、新規でこれらの業種に参入してくる人々は、初めから組合を無視して独自に展開した。こうして、各生活衛生同業組合はどんどん衰退していった。クリーニングでは、市場の大半が大手業者のものとなり、組合の市場シェアは二〇％程度にまで落ち込んだ。厚生省認可の生同組合員＝零細業者（業界の弱者）、組合員以外＝大手業者（経済社会の勝利者）というある意味矛盾した図式が出てくるようになった。

3　生活衛生営業指導センターとブラック企業の登場

組合と天下り

しかし、この様な状況でも行政は相変わらず生同組合の業者達を「業界の代表」とみなし、各都道府県に理事長を置いて現在でも小規模業者達だけを相手にしている。それは、大きなイノベーションが起こった約四十年前から二一世紀となった現在でも全く変わらない。

この理由は、厚生労働省が生活衛生同業組合と癒着し、天下り先が創出されているからである。平成元年には各都道府県に「生活衛生営業指導センター」が設けられ、それを中央の「全国衛生営業指導センター」が統括している。組合がなくなっては自分たちの存在意義がなくなる。だから零細業者達に組合を維持させ、自分たちの天下り先を守るのである。役人達は、生活衛生同業組合の組合員達が、現実にはわずかなシェアしかない零細業者であることは百も承知だ。それでも自分たちのため、あえて大手業者を無視しているのである。

こういった事情があるため、各業種で組合に属さない大手業者達においては、規制らしい規制はほぼ皆無、各自が好きなように業を展開している。フリースタイルで拡大していく業者達は、できるだけ多くの顧客を獲得するため、価格を安くしていき、ライバルもそれに追従するため、それぞれの業種で価格競争が激しくなっていった。居酒屋チェーン店も、牛丼チェーン店も、回転寿司チェーン店も、クリーニング店も……。

ブラック企業の誕生

大手業者は従業員が多数いなければ成立しない、彼らは従業員を雇い、会社の拡大とともにその人数もだんだん増えていった。それまでの「親方と丁稚」の関係から、経営者と従業員に変わっていったのである。

現在、「ブラック企業」と呼ばれている各社は、分類上、この生衛業に属している会社が多い。昭和三十年代に成立した法律が大手業者には通用しなくなり、天下りに固執したいという行政の勝手な都合により、大手業者達はかえって市場で自由に競争するようになり、行政が「存在しないもの」として無視し、何の束縛もない企業が自由な競争、とりわけ低価格競争を行って従業員を酷使するようになり、やがてブラック企業になったのである。

昭和三十二年にできた生衛法は、生衛業種に属する企業をすべてが個人企業、零細企業とみなしており、行政もそれに従って指導してきた。それぞれの業種で市場の多くを占める大手業者が「管轄外」となり、全くの独自路線を進んだ結果、彼らがブラック企業に変容していった。ブラック企業が自由に動けるようになった背景には、行政が社会の変化に対応できず、全く機能していないことがある。

現在では環境衛生は格段に進み、昭和三十年代とは全く違っている。「生活衛生関係営業」というくくり自体ナンセンスなものとなっている。しかし、行政は天下りのしがらみがあり、現行法を変えようとはしない。この矛盾の中で、ブラック企業の芽が育っていったのである。このように、ブラック企業誕生の最大の理由は、行政の不備にあるといえるだろう。

昭和三十二年に一八種と分類された生活衛生関係営業は、下宿営業、簡易宿泊所を除き、残り一六業種は現在でも全国生活衛生同業組合連合会が存在している。それらはすべて国の補助でホームページを持ち、曲がりなりにも活動している。そして、これらサイトのどこを見ても、「従業員」とか「労働者」の文字は見あたらない。昭和三十年代同様、これらの業種はすべて従業員がいないことになっているのだ。

行政によって、「存在しない」ことになっている生衛業種の従業員は、なんの管理下にもなく、ブラック企業の恰好の餌食になっているというわけだ。

生衛法がブラック企業を誕生させている。

市場を支配し、顧客の支持を得ているのはどの業種においても大手業者がほとんど。彼らはどの仕事でも低価格にすることで顧客を獲得しようとする。事実上彼らを制約するものはなく、行政も放置していることにより、労働基準法違反などの反則技が多くなり、各業種がブラック化した……。というのが筆者の考えだ。そうなると、ブラック企業を誕生させているのは六十年近く前のカビの生えたような「生衛法」であり、ブラック企業には縁もゆかりもなさそうな零細業者達がこの問題に関わっており、別の面でも批判の多い「天下り」までもがブラックを誕生させているというわけだ。まさに生衛法こそがブラック企業誕生の元といえる。

クリーニング業などは、大手業者が登場した昭和四十年頃から現在まで、半世紀以上もずっと低価格競争が継続している。資材や燃料などは何倍、何十倍にも値上げされているのに、価格が一向に上がらないのである。

激しい競争の中で、特に低価格に固執する業者らは厳しいコスト削減に追われた。「血を吐きながら続ける悲しいマラソン」という状態の中で、彼らは従業員にすさまじい生産性を要求するばかりか、生衛業は労働基準監督署の管理が甘いことを利用し、残業代を払わないなど違法行為にまで手を染めていったのである。各業者は、事業を始めた頃からの売り物である「低価格」にいつまでも固執している。その上で、労働者にも過酷な業務を強制し大勢の人を苦しめている。

各生衛業種は、それぞれが厚生省（のちの厚生労働省）により、価格が調整されていた時代があった。ところが、それが逆に新規参入者に業務拡大のチャンスとなり、価格破壊によって各業者が大いに発展したのである。しかし、それが現在になり、ブラック企業登場の大きな要因となったことも見逃せない。ブラック企業はどこも低価格で勝負する。それが、人件費削減やサービス残業、従業員の酷使へとつながっているのだ。長い目で見れば、行政の規制こそブラック企業を誕生させた原因である。

ややわかりにくい点もあるのでまとめて話すと、クリーニングを初めとする生活衛生関係営業では、零細業者しかいなかった時代に生衛法が施行され、生同組合が結成された。その後、各業種に大手業者が次々登場し、市場を席巻したが、行政は自分たちの都合を優先させ、生同組合を業界の代表とし、市場の大半を占める大手業者を無視している。

結果として法規制や行政指導から解放された各大手業者は市場を奪うため価格競争を繰り返し、ライバルに打ち勝つため不正行為に手を染め、ブラック企業化していったのである。現代には通用しない生衛法や、天下り先にしがみつく行政、その行政から甘い汁を吸わされている生同組合らがブラック企業を誕生させたといえるのである。

4　職人と労働基準法

ホリエモンの話

二〇一五年の末、ホリエモンこと堀江貴文氏のツイッターが話題になった。堀江氏は、「寿司職人になるには十年くらい修業が必要だという意見があるが、現在は半年でプロを育成する専門学校もある。長い期間修業が必要なのは、下働きばかりさせて寿司作りを教えないからであり、今は独学で寿司を出したり、短期養成の専門学校に行って寿司職人になる人が増えている、問題は寿司を作る人のセンスである」と答えた。「長い期間の修行や苦労によって手に入れたものは価値がある、というのは偏見であり、寿司職人の修行というのは若手を安月給でこき使うための戯言に過ぎない」というのである。

この発言には賛否両論あり、「職人をバカにしているのか」、「きちんと修業するには飯炊き三年、握り八年を実施するしかない」など、反論する人もいた。堀江氏はさらにラーメン店に関しても同様な発言をしている。

この発言の趣旨は、寿司屋やラーメン店を開業するには長年の修業が必要かどうか、というものだが、将来的な夢があるにせよ、修業期間には紛れもなく労働を行っているのであり、店主に労力を提供していることに代わりはない。堀江氏は「寿司職人が何年も修業するのはバカ」とし、修業期間に店主に労力を安価で提供することの愚かさを主張している様だ。

かつて、日本のものづくりを支えたのがこの職人である。各分野において、多くの職人達が長年の修業を重ね、技術を習得していった。これはクリーニングも同様である。しかし、情報化が進んだ現在、この様な修業、親方に長年労力を提供する修業が有益かどうか、意見が分かれるところだ。

生衛業は職人の仕事

昭和三十年代、まさに当時の厚生省が生活衛生関係営業（生衛業）を定めた頃、生衛業に分類された業種のほとんどは職人の仕事だった。飲食系では寿司職人、そば職人、ラーメン職人がそうであるし、社交飲食業に属するバーテンダーも修業が必要だった。サービス業でも理美容業は現在でも修業が必要であるし、銭湯には風呂炊き職人がいた。映画館には映写機を操作する職人がいて、クリーニングも当初は完全な職人の仕事だった。

この時代、何らかの職種の店舗を開店し、店主となるためには、まずはその職種の職人になることが必要だった。職人になるために当時最も一般的だったのが「丁稚奉公」である。丁稚奉公は、既存業者の店舗、家屋に住み込み、食事を提供されて一緒に暮らしながら労力を提供し、技術を習得してやがて独立するやり方である。私が子供の頃、こういった丁稚が数人いて、私と一緒に食事し、一緒に暮らしていた。彼らはやがて独立し、開業していく。開業して間もない頃はドライクリーニング洗濯機を購入できないので、祖父は弟子達に無償貸与していた。当時はそういう師弟関係の絆があった様だ。

丁稚は決まった給料をもらうことがなく、盆や正月に小遣いをもらう程度だったという。かなり厳しい生活を強いられたと想像されるが、こんなことが、約五十年前までは生衛業種の多くで続いていた。クリーニング史に詳しい方に聞くと、昭和二十五年に労働基準法が施行されたが、それでも丁稚制度は続き、多くの人々がこの昔ながらの制度の中で、将来の独立を夢見ていたのである。職人と見習いの師弟関係は、見習いがいつかは独り立ちして自分の元を去っていくという、見習いの教育機関としての意味合いが強かった。

職人とブラック企業の関連

すし店でもラーメンチェーンでも、店の規模が大きくなり企業化すれば大勢の従業員を雇うようになる。それは職人と見習いのような師弟関係ではなく、経営者と労働者の雇用関係となり、全く異なるものである。

今日、生衛業種にブラック企業が多く発生するのは、生衛業種に職人を雇用していた時代のなごりが残っており、従業員に対する賃金の支払い方に、丁稚に金をやるような感覚があるようにも思えてくる。主婦パートや学生アルバイトが仕事を習得して独立しようなどと思っているはずはない。職人的な労働観を今日の業務に当てはめるわけではないが、かつて丁稚にたいした金を与えなかったことと、今日、同じ業種で従業員に賃金をケチるのは、何となく同じような土俵の上で行っているとも思える。

ブラック企業を語る書籍の多くが、日本型経営がブラック企業を形成する原因となっていることを指摘する。滅私奉公の日本人的な雇用のあり方、あるいは労働を美徳とする精神などが、ブラック企業が活躍する土壌となっているという考え方である。

もちろんその通りだと思うが、もう一つ、生衛業においては、職人と見習いの関係、親方と丁稚の関係のような従属的な師弟関係も、私たちの間に習慣として残っており、ブラック企業が登場する要因となっているのではないか。

さらにいえば職人の持つ、自分だけが正しいという排他性、オレに付いてこいという独立独歩の精神、他者を認めない偏屈な閉鎖性も、ブラック企業経営者との相関性が強い。クリーニング業などはこの「偏屈」の部分が最も強い。職人がダメというわけではないが、正常な雇用とは遠い世界にある存在ではないだろうか。意味合いは全く違うが、「そんなこともわからねえのか！」と見習いを怒鳴りつける職人の態度は、ブラック企業のパワハラに代表される、恫喝的な態度と重なるようにも思える。

旧態依然の行政

職人がブラック企業と関連するというのは極端な意見かも知れないが、生衛業を管轄する行政の対応は、まるで、現在の雇用を職人の世界に引き戻すかのようである。行政は生衛業種を現在でも職人がウジャウジャいる世界と思っているようだ。

クリーニングの場合、自分でクリーニング店を開店するのに必要な国家資格、「クリーニング師」（クリーニング業法〈昭和二十五年成立〉に基づく資格）の試験は、現在でも旧式の電気アイロンで行われる。これで、ワイシャツを一枚プレスしてたたむのが試験である。後部にレバーが二つ付いているだけの、サーモメーターも何もない昭和初期のアイロンだ。温度は、指先を舐め、アイロンに付けた「チャッ」という音で判断する。まさに職人の技だ。そのまま使用していると、すぐに温度が上がってしまい、ワイシャツを焦がしてしまう。使用するには熟練を要する代物だ。

もちろん現在のクリーニング工場では、こんなものは使用されていない。入れ替わりの激しいパートタイマーにそんな危険な道具を使用させることはできない。使っているのは昔ながらの個人店だけである。大手業者が拡大する場合、クリーニング作業所にはこの「クリーニング師」が必ず一人は必要となる。工場を増やすときには、この無意味な試験を誰かに受けさせなければならない。

クリーニング師試験には、さらに不思議なものもある。各受験者に、五枚の布生地が示される。これらには一から五まで番号が書いてある。受験者はこれらの素材を答えるのだが、この調べ方が変わっている。生地から一本糸を引き抜き、それをマッチで燃やし、その臭いで判断するというのだ。

現実のクリーニング作業において、生地の材質を確認するのに、糸を一本抜いて燃やす作業などというのは存在しない。そんなことをしていたら手間がかかるし、第一、生地を傷めるだろう。これは衣料品に素材表示のなかった、はるか大昔の手法であり、これこそが職人のやり方である。そして、今では何の意味も持たないナンセンスな試験である。これで国家試験とは聞いて呆れる。

この様な旧態依然の意味のない試験は、他にも理容業界などで行われているという。こちらもクリーニング業界同様、理容師美容師試験研修センターなる天下り先があり、現代では通用しない、古くさい試験方法で資格を取ることに天下り先が関与するという醜悪な状況が続いている。他の生衛業種もそれに近い

現在でもクリーニング師試験に使用される旧式のアイロン。個人業者も使っている。

ようだ。

今日、大勢の従業員を抱える大手クリーニング業者の中には、若い時代にこういった古い職人達に苦しめられた業者も多い。東北から上京し、丁稚奉公をしていたが、いじめられて一年も持たずに逃げ帰った人もいる。偏狭な職人達から嫌がらせを受け、組合を辞めさせられた人もいる。そういう業者達は後に大成して大きな会社を立ち上げた。そんな会社のHPには、現在は会長となった創業者の、若い時代の苦労話が載せられていることがある。そして、現在その業者の従業員達から、当NPOに残業代が出ないなどの労働相談が寄せられる。まさに「憎しみの連鎖」といえるものだ。

5　クリーニングがブラック企業の源?

他の業種はどうか

これまで、クリーニング業界の状況を説明したが、生衛業種の中で、他の業種はどうなのだろうか?筆者は市内の知り合いの業者から廻ってみた。

寿司業は、現在でもどこにでもある商売だが、回転寿司（大手）の登場があった。その回転寿司の中には、ブラック企業と指摘されている業者もいる。この商売については、知り合いのお寿司屋さんに聞いてみた。

寿司業は組合加盟率が半分くらいとのこと。街では有名な業者だったので、役員もやっている。カウンターから「厚生労働大臣表彰」の賞状が二つも見えた。組合の市場シェアについては、考えたこともないとのことだった。回転寿司にはやはり影響を受けているということで、「あっちが回転（開店）寿司なら、こっちは閉店寿司だ」と寂しいギャグをかましていた。ただ、「回らない寿司屋に行きたい」などと言われるとおり、回転寿司（庶民派）、一般の寿司店（高級）のイメージはできており、一般の寿司店にも大きな存在意義があるため、対立構図というものはない。

美容業は自分が通うパーマ店に聞いてみた。この商売は比較的まとまりがいい。あまり大きな業者がいないし、作業員は資格が必要だからだが、現在でも法規は変わらず、クリーニングのように「両側にタンツボを置くこと」などというナンセンスな決まりがあるという。それでも、「生同組合には若い人は出席しない」とのことだった。理容業も総会などは出席者が多く比較的活発だが、「一〇〇〇円カットには押されている」とのことだった。

理美容業の場合、現在でも既存の店舗で仕事をしながら技術を習得し、やがては独立をと考えている人たちが多い。体質が昔とそう変わらないので、特に大きな問題は起こらないのである。

飲食業は現在でもそば屋、中華料理店、日本料理店などに区分されており、それぞれ聞いた。現在では別々には行っていないらしい。この業種は居酒屋チェーン、牛丼チェーンなど著名なブラック企業が最も多いが、加盟率は一〇％程度（聞いた話）とのことで、全くまとまっていないようだ。それでも、食品を扱うだけに、五年に一度の講習会は義務づけられているので、それだけは欠かせないという。各業者達の反応は、「そういう組織が今も残っていることは知っているが、特に意識したことはない」といったもので、あってもなくてもいい存在のようだ。

接待飲食業はバーやスナックなどの職種だが、話を聞いた方は地元でも有名な方で、やはり役員をしている人だった。全国大会には出ているという。キャバクラやガールズバーが組合員になるとは思えないが、それでも一部の地域ではそのようなタイプの店も組合に入っている。

全体の印象をいうと、生活衛生同業組合の存在は知っているし、入っている人もそれなりに多かったが、別に活発に活動しているということもないし、必要なものとも思ってはいないが、まあ厚生労働省が認可する唯一の業界団体だからそれなりに付き合おう、というスタンスでいるようだ。いわゆる「大人の対応」である。クリーニングのように激しい対立があったり、気に入らない人は組合に入れないとかの利己的で偏狭な発想はどの業種にもなかった。

それぞれの業種の中でイノベーションがあり、回転寿司や大手全国チェーン店、低価格の一〇〇〇円カット店などが登場しているが、それはそれ、というスタンスで、クリーニングのように敵意むき出しで対立し、嫌がらせをするなどはなかったようだ。他の業種は新規参入者や大手チェーン店とクリーニングよりは共存できているということだ。もちろん、それぞれの職種で脅威にはなっているのだろうが、子供じみた敵対行為など行われていないのである。すると、クリーニングだけにドタバタがあるようだ。実はこういった大手と個人の対立構造が、狡猾な行政につけいる隙となったようだ。

センター業務の半分はクリーニング

全国生活衛生営業指導センターと全国四七都道府県にすべて配置されている各県の生活衛生営業指導センターにおいては、業務の半分がクリーニングに関わることだという。確かに、このセンターのホームページを見ると、クリーニング講習会などクリーニング関連の行事ばかりがよく目立つ。現在でも一六業種あるのに、クリーニングで半分を占めているのだ。

他の生衛業種の話を聞く限り、この生活衛生営業指導センターは、他の業種がみんな重要視していないので、問題の多いクリーニング業を狙い、自らの存在理由にしているように思える。

既存業者を大手業者から守る、というのが生活衛生同業組合や生活衛生営業指導センターの存在意義なのだから、生衛業種の中で最初に激しい対立を起こし、市場を大手に奪われたクリーニング零細業者はまさにセンター職員の存在理由を引き立たせる存在で、大いに利用しがいのある業種である。クリーニング業者にとっても、まるで明治時代のような旧態依然のクリーニング師試験や、ほとんど意味のないクリーニング師講習とクリーニング従事者講習をセンターが行い、社会的にはあってもなくてもいい自分たちの存在に必然性を持たせてくれるのだから、センターとクリーニング生同組合はまさに共存関係にあるともいえる。

事業仕分けで存続を支援

そういう生活衛生営業指導センターにも危機が訪れたことがある。二〇一〇年、民主党政権下では、蓮舫議員らが舌鋒鋭く行政の無駄を追及し、不必要と判断されたものは次々と廃止を決定していった。

生活衛生営業指導センターに関しては、クリーニング師講習会などが槍玉に挙げられ、直ちに廃止が決定された。私たちクリーニング業者が全く意味のないものと思っているくらいだから、これは当然の判断だった。この事業を主幹するセンターも、存続の危機にあった。このとき、クリーニング生同組合が立ち上がり、「講習会は必要」などと発言、厚生労働省はすぐさま密かにワーキングチームなどを立ち上げ、気が付いたら「存続」と決定された。周囲に知らせなかったのは、妨害行為を恐れたのだろう。生同事務員によれば、このとき、全国の生同組合員からたくさん存続を求める手紙が届いたという。手紙を見たわけではないので事実かどうかわからないが、組合業者達がせっせとハガキに「存続して」などと書いていたことを想像すると、白々しい行為に呆れかえってくる。

もっとも、民主党政権で行われた事業仕分けに関しては、あの場で蓮舫議員が「廃止」と決定した事業の大半が現在も存続しているという。何のための仕分けだったのか。芸能人による政治ショーと揶揄されたが、現実に実行されなかったばかばかしさを考えると、本当にウンザリさせられる。

それはともかく、クリーニング師講習は継続されることになった。このように行政とクリーニング生活衛生同業組合は癒着といっていい協力関係にある。他の業種がしらけているのとは対照的である。

なぜクリーニング生同組合は行政に癒着するのだろうか？　それは、生活衛生関係営業の中で、消費者にとって最も必要性のない存在だからである。

前述のように、もし寿司屋が回転寿司だけになったら面白くないだろう。理美容も行きつけの存在が必要だろう。居酒屋も、チェーン店だけなら面白くも何ともない。

ク師等研修、内容見直しで存続へ

WGヒアリングで若手業者訴え

次世代のために存続を

今年5月の事業仕分けにおいて「廃止」評価が下された（財）全国生活衛生営業指導センターの「クリーニング師研修等事業」「生活衛生振興助成費等補助金」について、厚生労働省では今後これらの事業のあり方について「生活衛生関係営業の振興に関する検討会」でンググループを設置。その第2回WGが10月28日に開かれた。会の論点は、事業の廃止存続の是非ではなく、研修内容の見直しが中心とされている。

WGでは、クリーニング師代表として、埼玉県組合・　青年部長、衛生規制関係者として板橋区保健所生活衛生課・リングを行った。

氏は、研修は参考になる内容も多くスキルアップや日常の仕事の確認にもなり、次世代のためにもぜひ継続していただきたいと、若いクリーニング師の立場から訴えた。受講率向上には自動車免許のような更新制度にすれば向上するのでは、とした。

氏は日頃、日程表などを配布して受講を促しているが、2回目以降の受講指導に苦慮しているといい、日曜開催で出られない、会場が都内2ヶ所に固定され遠いとい

氏

いつのまにか継続となったクリーニング師研修制度を告げる業界紙（『全ドラ』2011年9月20日付）。

しかし、クリーニングは大手だけでまかなえる産業である。小さくても素晴らしい業者もいるし、大手がいいというわけではないが、時代とともに変化する衣料品や素材が相手の仕事だけに、古い職人体質の業者は必要がなくなるのである。零細クリーニング業者は自分たちの存在のために行政にまとわりつき、行政も自らの天下り維持のためそれを利用するという連携関係が構築されている。それが巡り巡ってブラック企業を誕生させているのである。

6　群馬県センターの不祥事

二〇一五年三月、群馬県生活衛生営業指導センターの不祥事が発覚した。同県センターは、職員の給与手取額を引き上げるため、残業していないのに超過勤務手当を慣例的に支払っていたのである。同県の地方紙、両毛新聞がこれを報じた。

このような不正支出は九年間に及び、慢性的にやってもいない残業代が出ていた。同センターの意味のない業務を知る者としては全く腹立たしいとしか言いようがない。

この事件発覚により、職員達は残業代の全額返還を余儀なくされた。九年分だから金額も大きかったと思うが、既に退任した職員からも返還は行われ、亡くなっていた方は家族から返金させたという。かなり厳しい処置だが、刑事事件にまではならなかった。

これが発覚したのはこの県だけである。生活衛生営業指導センターは全国四七都道府県すべてにあり、どこも同じような構成で、全く同じような業務をしている。横の連絡もあったはずだ。はたして、これは群馬県だけの問題だろうか？　他の四六都道府県はすべて清廉潔白なのだろうか？

このようなことから私は、地元福島県がどうなのかと調べてみようとした。ところが、公益財団法人のような組織には情報公開制度がなく、確認することができなかった。地方公共団体であれば県庁の情報公開センターから情報を取ることができるが、公益財団法人、独立行政法人では難しい。唯一、各県のホームページに「情報公開」のサイトがあるが、こんなものでは実態はつかめない。それ以上追及できなかったのは残念だった。

県生活衛生営業指導センター

架空の残業　月3万

不適正支出、9年間続く

県が出資する公益財団法人県生活衛生営業指導センター（前橋市）が、職員の給与水準を引き上げるため、残業しなくても超過勤務手当を慣例的に支払っていたことが27日、分かった。月額約3万円を支給する形で遅くとも2005年度に始まり、昨年2月まで続けられたとみられる。不適正に支出された金額規模は少なくとも百万円単位に上り、補助金を支出する国と県は不適正に支払った分の返還を求める方針。

生活衛生営業指導センターの不祥事を伝える地元紙（『上毛新聞』2015年3月28日付）。

この事件の意義は、架空の残業代を計上していたという悪意性よりも、生活衛生営業指導センターという組織が全く意味を成さず、世の中の役に立っているとは到底いいがたいものであることを世間にさらしたことではないかと思う。職員達は架空の残業代を請求することくらいしか、やることがなかった。実際、同センターの仕事というのは極めて内容が薄い。ほとんどやることがない。生活衛生関係営業の、非情にシェアの低い一部の業者達だけを相手にしているのであれば、それは当然ではないか。

この記事では、最後に群馬県生活衛生課がコメントを寄せている。「事業者にとってなくてはならない団体。しっかりと指導しながら、センターの補助を続ける」というもの。同センターは事業者にとって「なくてはならない団体」であるはずがない。行政は不祥事を起こしたセンターを擁護している。こんな天下り団体によって生活衛生関係営業の各業者の実態が隠され、その結果としてブラック企業が世にはばかる一番の理由となっているのだ。そんな悪人なら、残業代をごまかすなど朝飯前だろう。今まで発覚しなかった方がおかしいくらいだ。

7　安倍首相の規制撤廃

安倍政権が掲げた政策の一つに、「岩盤規制の撤廃」がある。生活衛生関係営業のように、日本にはさまざまな規制があり、それらが健全な経済発展を妨げているといえることから、それら規制を岩盤規制と呼び、徐々に撤廃しようというのである。国内の一二八もの規制改革を検討している政府の規制改革会議という組織においては、理美容業の職務領域の範囲を含む規制について「新しいサービス、ビジネスモデルなどのイノベーションが妨げられ、競争が制限されるなど業界の発展を阻害する要因が多い」と指摘し、改革を推進しようとしている。

二〇一五年三月、日本経済新聞はこの問題を記事化している。一回目の三月四日には理美容業とクリーニング業の問題を取りあげ、それぞれの矛盾を生々しく書いている。

クリーニングに関しては、大昔のアイロンを現在でも使用し、衣料品の生地から糸を引っ張り出してマッチの火で燃やし、臭いで素材を当てるという非現実的なクリーニング師試験の現実を記載している。この記事に関して、筆者も自社従業員にインタビューさせるなどして協力しているが、これまで述べてきたように、現代ではもはや通用しない、非現実的な法律が今も多くの職業に残っている。それらを撤廃し、改善しようというのなら、安倍首相の主張は全くの正論である。

この記事では、安倍首相が昭恵夫人の紹介によってパーマ店でカットしていることを取りあげ、美容師が首相の髪を切るのは、「厳密に言うと法律違反の疑いがある」と厚生労働省幹部の言葉を紹介している。

理容業と美容業、パーマ屋さんと床屋さん。この大変似ている二つの職業にはお互いにさまざまな規制があり、それぞれの領域がある。美容室で男性が髪の毛のカットのみを行うのは違法なのである。美容師の仕事と理容師のそれを一緒に行ってはいけないという。記事では理容と美容を壁で隔てた店の写真を載せ、現代も残るナンセンスな規制をわかり易く説明している。この記事は話題となり、そのせいか、翌年、安倍首相は理容と美容の規制を一部撤廃、美容室で男性がカットするのは合法となった。今さら、という気もするが、一国の総理が岩盤規制の撤廃に動き始めたのかと話題になった。

ところが、「岩盤規制」の撤廃は今のところこれだけ。他のナンセンスな規制はさっぱり改善されていない。結局、安倍首相は自分の地位を利用し、自分にとって困る規制の一部をちょっと手直しした程度に過ぎない。規制が進むことを期待していた人々にとっては、肩すかしを食らう結果となった。

改革が思うように進んでいない理由には、「票の力」があるかも知れない。生衛業種にはそれぞれ政治連盟があり、毎回選挙が近くなってくると、政治連盟から与党議員への推薦状が配られる。クリーニングでも、全国クリーニング政治連盟なる組織から、その選挙区の与党議員の推薦状が廻ってくる。政治連盟は全国クリーニング生活衛生同業組合連合会と同じメンバー。組織の力で政治家に圧力を加えようというわけだ。

もっとも、いつも何らかの明確な意志を持って政治家を支援しようなどという考えは毛頭なく、自分たちがいつまでも生きながらえられるよう、旧態依然の組織を維持できるよう、保守系の政治家を支持するだけのこと。加盟する業者の大半は知識の乏しい零細業者ばかりなので、推薦状が廻ってきたらおとなしくそれに従うだけである。この様にして、迷惑千万な旧体質は維持されている。「忖度」は、結局昭恵夫人行きつけのパーマ屋さんにしか及ばなかったようだ。

8　福島県のクリーニング生同組合事情

これまで記載してきたように、日本のクリーニング界は生衛法の管理下、各都道府県にクリーニング生同組合があり、それらを中央の全ク連がまとめる組織となっている。各生同組合の事例として、福島県の様子をお伝えしたい。

福島県は生衛法が施行される十六年前の一九四一年、県内の業者同士が協力して福島県クリーニング協同組合が設立された。一九五七年に生衛法が施行されると、協同組合がそのまま生同組合（当時は環同組合）を受け入れ、協同組合を存続させながら、生同組合も並立し、組合員も役員も同じ、という全国にも例のない運営が成された。

理事に昇進

私は一九九五年頃から組合の定例会に顔を出すようになった。一般に生同組合は大手業者をねたみ、やっかみから追い出してきた歴史があるが、そもそも祖父は協同組合の設立に尽力していたし、父も「情報は必要だから一応行ってみろ」とのことで、まずは須賀川方部会に顔を出してみた。大手業者で私のような場合はほとんどない。

すると、地元業者から「なんだおまえは、大手じゃないか。ここは組合だ。大手は帰れ！」などど露骨な嫌がらせを受けた。それでも昔、当方で修行していたという人もいて、すべてが敵でもない。やがて県南支部会にも出て、時々登場する偏屈なジイさんの抵抗もあったが、それなりにかわし、二〇一四年に組合理事（同時に生同組合理事）になった。その間、半分以上の組合員は廃業するか高齢で死亡し、組合はどんどん疲弊した。

驚いたのは、会合に出席すると必ず交通費が出て、食事もそれなりに豪華だったこと。零細業者の集団だと思ったが、結構いい思いもしているようだ。こんなに資金が潤沢だとは思っていなかった。

このような生同組合の理事など、零細業者ばかりだから意味がないと思われるかも知れないが、決してそうではない。厚生労働省が唯一認可する団体だけに、行政とのつながりもあり、影響力もある。ただ、それが活用されていないだけだ。

二〇〇九年には「ワイシャツ九〇円」と看板に掲げ、客が来ると「それは真っ白いワイシャツだけです」

といって追加料金を取る行為を行っていた業者（景品表示法違反）に関し、ときの理事長（郡山市の業者）に相談したところ、その方は組合には珍しく大変理解のある理事長だったので、県の消費生活センターに連絡し、一発で解決したことがある。時々嫌がらせされるが、上手に振る舞えば業界を改善することもできるだろう。そういう意味では、理事昇進は大きな前進である。

七十七歳の女性事務長

理事会は年に四～五回ほど組合の会館で行われる。組合には理事長、副理事長、専務理事の三役がいるが、いずれも零細業者ばかりで、実質的には五十年間もその座を務める女性のU事務長が切り盛りしている。理事といっても、高齢な零細業者ばかりなので、会を動かす力もなく、長いキャリアを持ち、運営から財務まで一人でこなす女性事務長に任せっきりといった風情だ。

ただ、事務長歴五十年といえば、かなりの高齢なことも事実。年齢を聞いたら七十七歳というから驚いた。団体を仕切って活躍しているせいか若く見えるが、パソコンも使用せず、ずっと手書きで事務を行っている。五十五歳で定年を迎えたが、理事らに慰留され、現在まで事務長を継続してきた。

本来なら理事らが後継者を見つけ、引き継ぎをさせるのが常道だが、零細業者らはそういうことがまるでわからない。おまけに自分らも七十、八十の高齢者ばかりなので、年齢的にも違和感がない。個人経営の業者にも少しは若い後継者がいるが、これが驚くほどの「孝行息子」ばかりで、親父には一切逆らわない。こんな状況だから、U事務長はいつまでもこの職を務めている。

ただ、これだけ長い間事務長を継続し、その間、抵抗勢力らしき人物も団体も存在せず、何もかも自分

福島県組合の会合風景。二つの組合の総会が同時に行われている。

で決定していると、誰しも自信過剰になり、高飛車になってくるもの。U事務長も、理事会や総会では理事長らをさしおいてほとんど一人で会を取り仕切り、ずっと一人で話している。その声は自信に溢れ、ときに高圧的で、さながら北朝鮮の女性アナウンサーを思い起こさせる。

あるとき、私は理事会で、「U事務長は大変長く事務長を務めている。そろそろ引退していただき、後任を探したらどうか」と提案した。U事務長は若干苦笑しながら、「オホホホ、私も辞めたいんですが、私の代わりになる人がいないんですよ」と述べた。

確かに一人で切り盛りする実力はたいしたものだが、この程度の仕事なら、一般の事務員だってできるはず。それに、今どきパソコンなしでは、時代遅れも甚だしい。知識の不十分な零細業者ばかり相手にしていたので、自分が女王様になりきっているようだ。これは本人よりも、それを容認している理事達に問題があるだろう。

労働問題を無視

私は理事会に出席した際、労働問題について質問した。当時はロイヤル社が福島県内に進出し、相談者から話を聞いていたので、生同組合から協力を得られればと思ったのである。

「現在、他県から県内に進出しているクリーニング業者は、露骨な労働法違反を繰り返し、クリーニング会社で働く県内の労働者が大変な迷惑を被っている。ここは組合に協力してもらい、クリーニング労働者の救済を考えてもらえないだろうか」

この様に説明したが、理事らの対応はこうだった。

「ワシらは人を雇ってないから、関係ないんじゃ！」

「ここでそんな話題を出すな、労働基準監督署に行け」

まるで他人事だった。そもそも自分たちのことで精一杯でもあり、労働問題などは全く眼中にない。事業主よりも労働者の方がはるかに多いのに、厚生労働省認可の団体がこれでは話にならない。特に、会津地区の高齢な理事は、私が何か発言すると、ことあるごとに「うるさい、余計なことを言うな！」などと叫ぶ。当方が会津に進出していることが気に入らないらしい。私的な感情が支配する会合でもある。

残念ながら組合による労働問題へのアプローチは成功しなかった。生同組合員はほとんどが年商一〇〇〇万円以下で、人のことまで面倒見られないのだが、そういう人たちを「業界の代表」としていることが、業界全体で起こる問題をさらに拡大している。

経理の不祥事

二〇一五年五月、いわき市の温泉で総会が開催された。生同組合員は高齢者ばかりなので、会場は必ず彼らの大好きな温泉が選ばれる。いつもはシャンシャン総会になるが、この日ばかりは違った。事務長が決算書などを延々と読み上げた後、地元組合員が挙手し、質問した。

「決算書にある短期借入金が六二〇万円とあるが、その内訳をご説明願いたい」

質問した組合員は、それが何であるか、ある程度知っていて質問したような印象だった。こういう組合員の質問にもすべて事務長が答えている。いつも自信満々の事務長だが、このときはやや思い詰めたような表情をしていた。

「六二〇万円の内訳についてお答えいたします。この中で、二四〇万円は金融機関から借りております。残り三八〇万円は、私、Uが、個人的に貸しております」

この発言により、会場は騒然となった。事務長が個人的に組合に金を貸すなどあり得ない。いくら事務長が一人で切り盛りしているといっても、それはないだろう。

すぐに臨時理事会が開かれ、この問題について討議された。私は外部監査が必要であると発言し、これは他の理事の賛成もあって了承された。外部監査には私の会社を担当する郡山市の大手会計事務所に依頼することにした。

私が外部監査を提案し、会計事務所も連れてくるといったことで、U事務長はかなり不愉快だったようだ。私としては誰かを問いつめるのではなく、この会の経理を立て直し、円滑な運営をすべきと思ったのだが、今まで好きなように運営していたことに横やりを入れられ、面白くなかったのだろう。

やがて会計事務所の職員が二人、組合会館に行くと、三役がそろい踏みしていた。念のため私も行ってみたが、三役らは「会計事務所には会計だけやってもらいたい。経営相談を頼んだわけではない」などと主張。結局、この日は監査を行うことが出来なかった。

また次回の理事会で議論になると、今度は事務長が「鈴木理事は私たちのことを、零細業者だとバカにしているんですよ。ひどいでしょう」などと、理事達の方向性を私に向けさせようとした。私はそんなことを言った覚えはなく、全くの濡れ衣だ。それでも、改めて次回に監査を行うことが決まった。私は「事務長はウソを言っている、議長、こんな話は止めさせて下さい」と主張したが、議長を務める理事長は「まあまあ、人の話は聞きましょうよ」などと、事務長の独演会を継続させた。誰も事務長には逆らえない。実にバカバカしい理事会だったが、このとき事務長と私の対立構造が明確となった。

ずさんな経理が明らかに

二カ月後、二人の会計事務所職員が訪れ、監査が始まったが、提出されたのはいくつかの預金通帳と事務長が一人で手書きで書いた総勘定元帳など。かなり限られた範囲での監査となった。

この監査により、不正といえるものは発見されなかったが、協同組合が大赤字であり、会社であれば倒産状態であること、一部書類の紛失（故意か過失かは不明）、議事録の作成がないこと、経営状態が苦しいのに、事務長がタクシーを何度も使用していることなどが明らかになった。

私は理事会で、ずさんな会計の実態について、事務長の古いやり方を批判し、さらには自分の金と組合の金を一緒にしているような方法も怪しいと追及した。「資材が一般業者よりずっと高いのでは、共同購入の意味はないだろう。なんでこんなに高いんだ」と資材価格にも言及、さらには、経費が苦しいのに、タクシーを何度も使用する行為も放漫経営も甚だしいと非難を続けた。他の人がほとんど批判しないので、私がやるしかなかった。

U事務長は、「私がこんなにがんばっているのに……」などとつぶやき、目に涙を浮かべた。すると、その様子を見ていた他の理事達の、怒りの方向が私に向いた。理事達はみんな私をにらみつけている。「事務長をいじめるとは、ひどい奴じゃ」、「生意気な奴じゃ」……。会計なんて、てんでわからない人たちなので、すべては感情論で動かされる。事務長の見事な名演技により、ずさんな会計の探査はここでほぼ終わりになった。

理事を外される

次の理事会で、理事長は声高に言い放った。

「皆さん、監査は終わりました。何も不正は発見されなかったのじゃ！　事務長の経理は正しかったのじゃ。人を疑うのはいけないぞ」

大赤字の実態が明らかになったのに、何ら危機意識を持たず、ただ「不正が見つからなかった」ことを大喜びしている。

事務長が組合に金を貸している、という異常な経理に関しては、三役にも責任がある。そんなことを放置し、組合員に知らせないのだから、その責任を取るべきだ。しかしここには、それを悪いと思う三役はいない。責任を追及する理事もいない。

またこの会議では「現在の理事は多すぎる。理事を減らしましょう」などと提案され、この後、理事らの根回しにより、私は理事を外されてしまった。ずさんな経理を追及する私の行為は、零細業者らには自分たちの地位を脅かす敵、とみなされたようだ。

このちょっと後、事務長は突然引退を宣言、五十六歳から七十八歳まで勤めた分の退職金を要求してきた。五十六歳以降は嘱託であったはずで、退職金はおかしいとも思えるが、この退職金の金額を決めるのも事務長自身であり、事務長は「組合に貸していた金」と称する金額とともに、大赤字の組合から退職金まで取って去っていった。

こうして、このバカバカしい一連の騒動は、不鮮明なまま終了した。大赤字の組合の今後がどうなるかは誰もわからない。

業界全体の問題を論じられない業界団体

これは福島県の事例だが、クリーニング生活衛生同業組合に関する限り、ごく一部の進歩的な都道府県を除き、だいたいどこも似たり寄ったりの運営が成されている。どこでもクリーニング業者以外の人物が経理を任され運営していくのだが、クリーニング業界団体が零細業者ばかりだと経理も経営もできず、事務方の方がはるかに優秀で、次第に事務方が団体をリードする存在になっていく。そうなると、自分に逆らう存在は排除し、周囲をイエスマンだけにしてますます事務方は増長する。そのうえ、生同組合は法定団体なので行政や外部団体との関係も多い。そういう外部との折衝を担当するのも事務方になる。

政経東北

現役理事が指摘するクリーニング組合の問題点

業界特有事情が複雑に絡み合い収拾困難

1本で仕上げる〝職人仕事〟の業界でしたが、昭和40年ごろになると、優れた洗濯機や仕上げ機などが開発され、それを導入することによって〝職人〟でなくても、この仕事ができるようになりました。結果、多数の機械、従業員（オペレーター）を使う〝大手〟と言われるところが出てきました。ただ、それは全体から見たら一部で、いまでも従業員4人以下の事業所が全体の8割程度を占めています。そうした個人規模の事業所は、縄張り意識が強いため、大手が組合で重きをなすことはありませんでした。これは他県でも大差ありません」

要するに、こういうことだ。従業員数十人、あるいは数百人を抱える事業者であっても、個人でやっている事業者であっても、組合内での発言権・議決権などは1人1票。そうした中、個人規模の事業者は縄張り意識が強いため、組合で大手と言われるところが重きをなすことはなく、組合役員などは個人規模の事業者で占められてきた、というわけ。

ちなみに、それで言うと、鈴木氏が経営するセルクルは、〝大手〟の部類に入る。

組合会館

組合が事務長個人から借金

鈴木氏はこうした背景に触れつつ、〝本題〟である組合の問題を明かした。鈴木氏によると、問題の経緯はこうだ。

昨年5月30日、県クリーニング協同組合と県クリーニング生活衛生同業組合の定時総会が、いわき湯本温泉のホテルで行われた。その中で、決算報告の際、出席者から「約620万円の短期借入金があるが、その内訳はどうなっているのか」と説明を求める一幕があった。

これに対し、組合事務長は「240万円は国民金融公庫から借りており、残りの380万円は私個人が貸している」と説明したため、会場は騒然となったのだという。

「組合員でもない、単なる事務方が、組合に個人で金を貸し出すなどということは、通常ではあり得ません。事務長は70代の女性で、50年近く事務長の座に就いているのですが、長期間にわたり、その事務長にすべてを委ねてきた結果、事務長の権限があまりにも強くなり、どんな運営がされてきたのか、われわれ（理事）でさえ、内情が分からない状況になっていたということです」（鈴木氏）

組合役員は数年で変わるが、事務長は50年近くその立場にあるため、理事である鈴木氏でさえ知らないところで、事務長個人が組合に金を貸していた、という事態が起きていたわけ。

これがきっかけになり、昨年6月21日に開かれた臨時理事会では外部監査を行うことが提案・決定され、郡山市の大手会計事務所に監査を依頼したという。

「それから2週間ほどが経った同年7月3日、依頼した会計事務所の税理士など2人が福島市の組合会館を訪れて監査を開始しようとしたと

31　2016.5

組合の不祥事を報じる地元福島の月刊誌（『政経東北』2016年5月号）。

そういう組合に嫌気がさすか、高齢化して商売が続けられない人たちは組合を辞めていく。日本全体でも、クリーニングの生同組合員はピーク時の四分の一にまで減少している。そうなると、組合費収入も人数減少に比例してどんどん少なくなり、やがて赤字に転落する。平成二十八年度は元締めの全ク連もかなり苦しい財政状況となっていることがわかった。こんな団体が継続できるとも思えない。

ともかく、「市場の少数派に過ぎない」零細業者らがクリーニング業界の「代表」であることが一番の問題だ。このために、クリーニングで働く多くの人々は不当な労基法違反に苦しみ、消費者もおかしな商法の犠牲になっている。彼らは自分たちのことが精一杯で、業界全体の問題を論じることが出来ない。この間に、ブラック企業はどんどん成長していくのだ。

しかし、行政にとってクリーニング業者は零細で、貧乏であったほうが都合がいい。それでこそ、「だから行政が手助けしないと彼らはやっていけない」と天下り先を作る口実となり、昭和三十二年施行の生衛法に沿って運営できるからだ。このナンセンスな業界の運営は、これを放置する行政の責任でもある。それぞれの利害が一致し、こんな状況が全国で続いているのである。

第４章

クリーニング業界のタブーを追え

一般の人たちにとって、クリーニングのイメージは、額にはちまきを締めたおじさんが、汗をかきながらアイロンがけする姿とかだろう。

現実にはそのようなシーンをほとんど見ることはない。クリーニングは多くの方々に利用されている割に、その中身がわかりにくい職業であるともいえる。

実際、「ドライクリーニング」というけれど、その意味をわかっている人は非常に少ない。よくわからないけれど、とりあえず利用する……考えてみれば、クリーニングのお客様はありがたい方ばかりである（注：ドライクリーニングとは、衣料品などを水以外の別の溶剤で洗うこと。ドライクリーニング溶剤には先に述べた石油系溶剤やソルカンドライなどのフッ素系溶剤の他にテトラクロロエチレンなどもある）。

クリーニングの仕事を「ブラックボックス」と揶揄する向きもある。クリーニング業者は、実際には工場で何をしているのかわからない。だからブラックボックスだ、というわけである。

それに加え、クリーニング業者は一般に閉鎖的である。あまり他の業界の方と付き合わず、同業者とばかり接触している。こういうクリーニング業者の特性も、この業界をますますわかりにくくしている。

この章では、一般の方にはほとんど知られていない、クリーニング業界で行われているいろいろな行為などをお伝えしたい。

中には、クリーニング業者が知られたくないタブーも多く含まれている。

あえてそういう物事を記載するのは、やはり商売は秘密であってはならないという考えがあるからだ。問題点を指摘されれば改善すべきであり、知られないからそれでいいというのは間違いである。当業界にはそのようなことが多いので、ぜひ一般の方々に知っていただきたいと思う。

1　大量生産のさまざまなアイテム

明治以来、職人の仕事として拡散したクリーニング業は、昭和三十年代後半頃から優れた機械や仕上げ機が開発され、大量生産が可能になり、全国に次々とクリーニング工場が建設された。それまでの職人時代には数枚からせいぜい数十枚程度しか仕上げられなかった作業場は、数百から数千枚をさばくクリーニング工場に取って代わられた。

ネームタグの開発

大手クリーニング会社は、大量生産が可能になった工場に多くの品を出荷するため、顧客からの洗濯物の受付にも工夫が必要になった。以前、通常のクリーニング店は、店主が誰から預かったか覚えていて、自分の記憶を頼りに届けているのが普通だった。また、多少流行っている業者は、衣類の襟の部分に赤い糸で客の名前を縫いつけるようなところもあった。当然、「鈴木」は「ススキ」など、簡略化した文字でしか表現できない。何百枚も預かれば、その中には「鈴木」さんが何人もいて、誰のものだかわからなくなるだろう。個人店の中には、ブランド名が表示された部分にマジックで客の名前を書き込むようなことも行われていたという。あまりに無神経な話である。

この問題を解消するため「ネームタグ」が開発された。クリーニングを利用すると、ボタン穴に数字の書かれた紙がホチキスで止められている状態で返ってくるが、あの紙のことである。

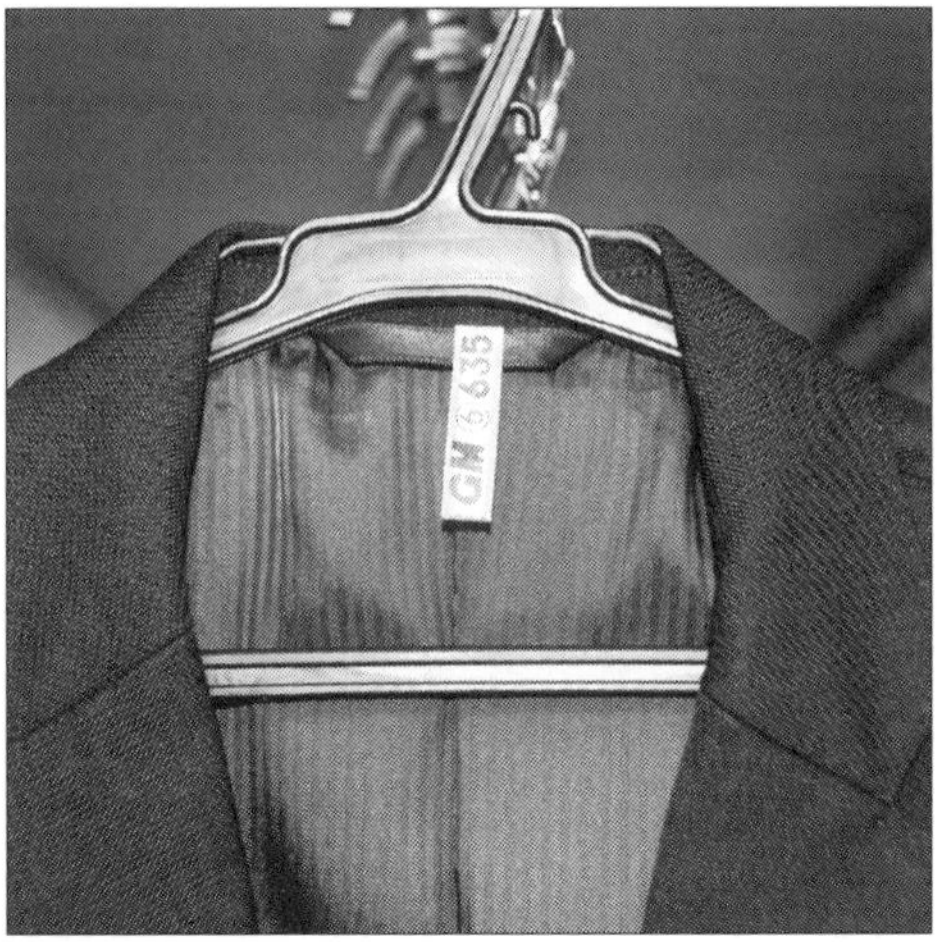

衣料品に取り付けられたネームタグ。誰もが見たことがあると思う。

クリーニング業者が使用するネームタグは、ドライクリーニングでも水洗いでも破れない丈夫な紙で出来ている。受付の時点でこのタグを衣料品に取り付け、伝票に書かれた番号と照合し、顧客に渡せば、何枚預かっても確実に顧客に戻すことが出来る。店舗がたくさんある場合には、「A―123」のように最初に店舗を表す記号を入れることで、複数の店舗を管理することも可能になった。この様なアイテムの開発により、従来の職人型の業者は市場の中心から外され、多くの顧客は安くクリーニングを提供する大手業者を支持するようになったのである。

タグは伝票と照合する番号が書かれたもの意外にも、加工製品を工場に指示するもの、シミの箇所を工場に知らせるもの、再洗いを依頼するものなどさまざまな種類に及ぶ。大手クリーニング工場は、多くが店舗と工場が離れており、作業も別々になっているが、このタグにより意思の伝達が可能となり、コミュニケーションを取っているのである。いわば店舗と工場の連絡係というわけだ。

しかし、これが後で示すように「最初の客」であることを知らせたり、クレーマーの品であることを知らせる役目も果たす。近年では、このタグに「ひらがな」のみで書き込むよう店員に指示している会社もある。理由は、そのような工場では外国人技能実習生が働いているからである。

受付レジ

一方、かつては手書きだった受付伝票も、現在では優れた受付レジが開発されている。一般小売店と違い、クリーニング業者は顧客の名前や電話番号を聞き出している。品の確認などに必要だからだ。電話も、顧客が品の引き取りを忘れている場合に、知らせることができる。

近年の受付レジは、顧客情報を細かく管理し、顧客ごとに、何月何日何時何分にどんな品を出したかを克明に記憶している。また、ワイシャツが多いとか、週末に利用するとか、顧客ごとの傾向を調べ、受付店員に知らせることも可能になっている。口うるさい客なども、実はレジの情報により店員達は把握している。

さらに、技術の進歩によりクラウド・サービスも活用され、複数の店舗を本部で一括管理し、入荷状況を本部で調べ、品が集まりすぎて忙しくなった店舗に応援人員を送ったりもしている。

これればかりではない。受付レジは、店員ごとの時間当たりの預かり数、加工本数獲得率、時間当たり売上など、各員の成績に関わるようなことまで計算できるようになった。また、タイムレコーダーに代わり、各店員の労働時間まで管理しているところも出てきている。まさに万能のレジとなった。

だが、各店員が獲得した加工の本数や時間当たり売上、さらにはタイムレコーダーまで兼ねるとなると、店員達の給与や昇給はすべてこのレジに管理され、各店員の成績を決めているのもレジということになる。クリーニング・レジは、店員の監視役になっている。

アイロンいらずの魔法の仕上げ機

受付が複数店舗から大量に品を預かるようになれば、それに応えて工場も大量に仕上げなければならない。そこで優秀な機械が次々開発された。

クリーニング工場には、ドライクリーニングと水洗いの大型洗濯機が稼働し、一度に大量に洗い、その後やはり大型のタンブラー乾燥機で乾燥される。衣料品の素材が煩雑になると、デリケートな衣類をハンガーにかけたまま乾かす「静止乾燥機」が開発された。

しかし、大手クリーニング業者の生産性に大きく貢献したのは、優秀な仕上げ機である。それまで、アイロン一丁の職人仕事だった仕上げ作業は、修行を積まないとできない仕事だったが、現在では素人のパート主婦が簡単にできるようになっている。都会では全預かり量の半分を占めるワイシャツは、熟達した職人でもアイロンだけでは一時間に一〇枚がやっとだったが、大手の仕上げ機はパートタイマーが二人で一時間に一〇〇枚も仕上げることが可能となった。

しかし、大量生産を可能にしたのはまさに「瞬間仕上げ機」ともいえる機種である。

繁忙期には一般衣料品（業界では「ドライもの」という。ドライクリーニングする品のこと）が多く集まる。それらを仕上げるのがトンネルフィニッシャーという魔法の機械である。ハンガーに掛かった衣料品がコンベアによってその機械に運ばれ、中に入ると、わずか十秒程度でシワを伸ばしてしまうのである。この機種の開発により、クリーニング工場は画期的な生産をすることができた。

ただし、この機種はあくまで「簡易仕上げ機」である。衣料品の微妙なラインやシルエットは一つ一つ

トンネル・フィニッシャーの一種。衣料品がこの中に入ればほとんどシワが伸びる。

微調整しなければならない。普通はそうするのだが、一点当たりの仕上げに時間がかけられない、やたら安いクリーニング店は、この機械を通すだけで品が仕上げられていると考えていいだろう。

一般の方々は、衣料品はみんなアイロンによって仕上げられていると思うだろう。しかし、現実には一枚当たりわずか数秒で仕上げる機械が働いているのである。

しかし、あまりに便利で簡略な機械は、ときには思わぬミスを犯すことになる。

当NPOに、銀行員の方からクレームの相談があった。この方は白い冬用コートをその年の三月頃クリーニング店に出し、品を引き取ってタンスにしまっておいたが、寒くなってきたのでそろそろ着用しようと取り出したら、両ポケットが真っ赤に染まっていたというのである。

これは、そのクリーニング店が検品を怠り、両ポケットに赤の革手袋を入れたまま洗い、乾燥し、トンネルフィニッシャーを通し、自動包装機で包装して店舗に送ったからである。途中に人間の目（検品）がないとこんな不良が発生する。結局どれだけ手をかけたかが品質となるのだ。

2　ノウハウで育った業界

ノウハウ購入で商売開始

昭和四十年頃、優れた機械や大量の品を管理するシステムが確立されると、九州地区の業者が画期的な「取次店システム」を開始した。一つの工場を建てると、その周囲に複数の取次店を開店させていくという方法だが、これによってクリーニングは収益性の高いビジネスになった。開発した業者はこれをノウハウとして販売した。

「クリーニングは儲かる」、「誰でも簡単に利益が出せる」……。かつて、クリーニングは親方の業者に丁稚奉公し、修業を重ねて行う苦労の多い仕事だった。ところが、新しい方法ならノウハウを購入し、ある程度の金額を投資すれば誰もが簡単に開業でき、しかも成功率が高い。このようなことから、多くの人々がクリーニング業を目指し、日本中に大手業者が広がった。

全国のクリーニング業者は、昭和四十年前後に創業した会社が非常に多い。それは、取次店システムが広まったこの頃、この業界を目指した人が多かったからである。取次店システムの他に、当時から普及したワゴン車による「営業車システム」なども広まり、業界は大手業者に覆い尽くされた。

第3章で述べたように、既存の業者は大手の進出に反発し、いろいろな手を使って大手を妨害したが、消費者は価格の安い大手業者を支持し、大手業者の客となったのである。

大手業者の攻勢は高度成長期と重なったこと、一億総中流の波に乗ったことなどラッキーな部分もあった。ここではそういったノウハウの変遷を紹介してみたいと思う。

朝出して夕方仕上がり

低価格で消費者をつかんだクリーニング業者達は、次はスピードで競い合った。クリーニングを朝出すと、その日のうちに仕上がる「即日仕上げ」が業界の主流になった。

クリーニングの洗い、乾燥はドライクリーニングなら一時間程度。その後、仕上げ、シミ抜き、包装などを入れても全行程で二時間弱程度。配送時間を入れて工場から近隣の店舗なら即日配送が可能だ。早いサービスは消費者に歓迎され、これも普及した。この即日仕上げが出来る業者は生き残り、出来ない業者は苦戦を余儀なくされた。

十一時お預かり、五時お渡し

即日仕上げの看板を上げていても、仕上がる品もあれば、そうでない品もある。複数の品を出す客は、何度かクリーニング店に通わなければならない場合もあった。

その不便を解消するため、特殊な素材などの品を除き、すべての品が同時に仕上がるシステムが開発された。

クリーニング店には、たいてい「十一時お預かり、五時お渡し」といった看板がかかっている。それがこのシステムである。このシステムも業界にはノウハウとして伝わり、多くの業者は金を払ってノウハウを買い、技術を取り入れた。このシステムも消費者に好評であり、取り入れた会社は皆成長したが、中には失敗した業者もいて、明暗を分けた。

12時お預かり、5時お渡しの文字が見える。どこもこんなサービスを行っている。

ノウハウが横行する業界

職人の時代が終焉した後、新しいシステムなど常にノウハウが開発され、それに多くの業者が左右されたことは、日本クリーニング業界史を語る上で重要である。

多くの業者は業界入りするに当たり、まずノウハウありきで、ノウハウを購入するところから始まっている。それは現在のフランチャイズビジネスなどとも類似するが、各クリーニング業者はほとんどが独立した単体の業者であり、新しい技術などを自ら開発せず、オリジナリティを追求する業者が少なかったのは、当業界の特徴を如実に示している。

各業者は自社独自の技術開発をすることに興味がなかったようで、常になにかが流行ると、それがいいか悪いかも考えず次々と取り入れた。これによって日本全国、金太郎飴のように同じような看板、同じようなセールばかりする会社が多くなった。

最初からノウハウありきなので、各業者が独立性に欠け、誰かに頼るような体質となっていった。また、「安直に儲かる商売」としてクリーニングを始めたことにより、この職業への愛着が不足しているとも思える。それが、多くの不正行為を平気で受け入れる業界の体質にもつながっているようだ。

3　裏ノウハウ

クリーニング業者はそれぞれ自主性がなく、ノウハウに依存していることを説明してきたが、そういったノウハウは正しいものばかりでなく、法律に触れたり、モラルの点で問題があったりすることもある。特に、競争が激化し、社会がファストフード化した一九九〇年代以降は、ライバルに打ち勝つため、そういった「裏ノウハウ」が目立つようになった。第1章で述べた「最初からしみ抜き料金」、「御新規様タグ」、「半額商法」なども裏ノウハウの範疇に入る。ここではその、クリーニング業界にはびこる裏ノウハウをいくつか紹介していきたい。

建築基準法違反

二〇〇九年、ロイヤルネットワークらの建築基準法違反摘発によって始まったクリーニング業界の建築基準法問題は、全事業所が検査され、結果として半分以上のクリーニング所が違反とわかった。しかし、これは業界の裏ノウハウだった。

この問題は二〇一〇年二月、国土交通委員会での村井議員の発言以来、ほとんど「放置」といっていい状態となっている。各業者はその後も違法操業を続けている。「行政は忖度してくれているんだ」などと、自分に都合の良い解釈をしている業者もいる。

二〇一七年、東京都クリーニング生同組合は組合員にアンケートを採った。その中では、建築基準法問題に関わる質問も行われている。一〇〇〇人を超える組合員から回答があったアンケートなので、大変信憑性が高い。

この中に、使用しているドライ溶剤の種類を聞く質問があり、全体の八三%が石油系と答えている。また、ドライ設備を設置しているクリーニング店の用途地域に関する質問では、全体の八一%に当たる業者が住居地域か商業地域であると答えている。住居、商業地域で石油系溶剤を使用すれば違法である。昭和四十七年以前から同じ規模で操業している業者には既得権があるが、このデータだけでもかなりの業者が違法操業していることは明白だ。

このアンケートからは、東京都の組合業者らに法律を守ろうという気がなく、そもそもこの違法行為に対してどうでもいいと思っているようにも感じられる。

同年暮れの十二月一日には驚愕の事実を講演会で聞いた。鹿児島県のクリーニング業者が、「クリーニング事業における建築基準法四十八条の遵守について」という演題で講演した。

二〇一〇年、国土交通省のクリーニング所一斉調査の際、この業者の工場が違法と指摘された。そこでこの方は合法化に向け、いろいろな手続きを開始した。すると、同県のクリーニング生同組合が臨時理事会を開き、この方に「合法化は止めてくれ」と要請したという。理由は、この業者が合法化すると、他の業者もすべて改善させられるから、だそうだ。合法化は当たり前だと思うが、組合は、みんな違法状態でいようと迫ったのである。生同組合は違法操業が標準のようだ。この方は長年入っていた組合を辞めてしまった。

厚生労働省認可の団体がこの有り様である。講演者は激しい憤りを訴えていたが、当然である。クリーニング業者とは、何か反社会的な集団なのかと感じられるくらいだ。

毎年クリーニング業者の火災が起きている。今後、どこかの業者が火災を起こし、それが近隣の家屋に燃え移り一般の方々が犠牲になったら、それまで知らんぷりを決め込んでいた国土交通省が一斉に動き出し、違法操業の業者を改善させるだろう。誰かが犠牲にならないと動かないこの国の体制には憤りを感じる。

花粉症加工

クリーニング店はメインのクリーニングに加え、加工サービスを行っている。防水加工（撥水加工）、折り目加工、汗抜き加工などがあるが、「花粉防止加工」、「花粉ガード加工」などの名前で、「花粉症の方に効果がある」という加工を、花粉症に悩む方に勧めていた業者が一時期多数存在した。春先などに花粉症に悩む方は多い。そういう症状が少しでも和らげられるなら、それはいいことだろう。

しかし、「花粉症に効果がある」という加工用の薬剤を調べてみると、単に市販の静電気防止剤か、撥水加工と同じようなものだった。しかも、実際に花粉症を和らげる効果があるかどうか、実験も行われていなかった。効果があるかどうかわからない加工を、多くの業者がなんのためらいもなく顧客に勧めていたのである。

これについては、業界団体の機関誌にこのナンセンスさを記事にし、業界人に広めたところ、次第に収まっていき、現在はほとんど見られなくなった。

クリーニング業者は単価アップを目的として加工を顧客に勧めるが、現実に効果があるのか疑わしいものもある。特に、低価格の業者が勧める加工製品は注意した方がいい。

保管クリーニング

ネットで「保管クリーニング」を検索すると、数多くの業者が出てくる。保管クリーニングとは、お客様の衣料品を洗うだけでなく、家のタンス代わりにお預かりしますというサービス。冬だけ着用するコート、ジャンバーなどは春から秋にかけては使用しない。そこでクリーニング店がお客様に代わって保管いたしますというのである。しかも、どこの業者も保管料はほとんど取らない。

大変便利なサービスと思われるかも知れないが、実はこれには裏がある。

クリーニング業は四、五、六月に繁忙期を迎える。どこの家でも冬物衣料品をクリーニング店に持ち込むので、大忙しになる。設備の乏しい工場では連日残業をしても間に合わない。そこで、これらの品を仕事がヒマになる七月以降まで置いておき、後で作業すればいい。客にとっても冬物を夏に着ることはないし、何の問題もない。すべて仕事が合理的になる……というわけだ。お客様の衣料品の保管が目的ではなく、作業の平準化、クリーニング業者の都合なのである。

しかし、この方法では預かった衣料品を数カ月間放置することになる。シミや汚れは早く処置するほど落ちやすいので、長く放置するのは望ましくない。また、置き方によってシワになったり、虫食いなどのリスクもある。実態は「放置クリーニング」であり、これも一種の裏ノウハウである。

問題なのは、こういった事実を顧客には全く知らせていないことである。「繁忙期は忙しいので時期をずらして作業させていただきます」とでもいえばいいのだが、誰もが「洗った後、保管している」と思っているだろう。

保管クリーニングは低価格クリーニング店が多く取り入れている。低価格業者は繁忙期と閑散期の差がより多く、このやり方を取り入れることで工場経費節減のメリットがあるからである。また、現在増殖中のネット宅配クリーニングではほとんどがこの保管クリーニングを行っている。

二〇一七年十一月、ロイヤル社の納期遅れにより保管クリーニングの実態が朝日新聞に摘発された。衣料品の一部が洗わずに半年間放置されたことも暴露されている。テレビニュースでも放送され、大きな話題となった。安直な裏ノウハウ導入は、手痛いしっぺ返しを食らう結果となる。

裏ノウハウは顧客へのゴマカシ行為だけにとどまらない。

家賃値下げ交渉会社

大手クリーニング店は、工場を中心として周囲の商圏に店舗をたくさんオープンさせるので、必然的に賃貸物件が多くなる。店舗はそれぞれ家賃がかかるが、その家賃を下げてくれる「家賃値下げ交渉会社」が一時期、クリーニング業界で流行っていた。

家賃値下げ交渉会社のやり方は、まずクリーニング会社と契約し、クリーニング会社の社員になりすまし、名刺を作って各物件の地主と交渉する。すると、たいてい値下げに応じてくれるという。この会社は、家賃が下がった分の半年分を成功報酬として受け取るだけなので、クリーニング会社に実質的な経費はかからず、ただ家賃が下がるだけ。こんなにいい話もない。多くの会社がこの会社と契約した。これを手伝ったのは業界のコンサルタントである。

しかし、金銭の授受を伴う交渉ごとを弁護士の資格のない人が行うのは非弁行為となり、弁護士法に違反する。違反となれば、刑法に触れ、罰金、懲役もあり得る。実は大変危険な行為だった。私は業界団体の機関誌を通じてこの問題を公表し、違法な行為は止めるべきと主張し、この問題の終息を計った。業界コンサルタントを通じて紹介された業者は、神戸弁護士会から「二度とやらない」と誓約書を書かされた。業界「家賃値下げ交渉会社」は、少なくとも表面的には業界から消え去った。

一カ月過ぎると賠償しない？

クリーニングで衣料品が破れるなどのトラブルがあったとき、顧客に賠償する基準がある。それが「クリーニング事故賠償基準」である。衣料品の賠償額は、その衣料品の購入価格、着用年数、クリーニングを出したときの状態などによって決定される。やや時代遅れの部分もあるが、これに代わるものがない以上、多くの場合にこの賠償基準が適用される。

この賠償基準の中に、「顧客が品を引き取った後、六カ月を過ぎた品に関しては賠償の責任はなくなる」というものがある。クリーニング業者にとっては、引き取ってからいつまでも文句を言われてはたまらない。そこで、半年までという基準が決まったのだ。

ところが、クリーニング業者によっては勝手な自社の約款を作成し、「引き取ってから一カ月を過ぎた品の賠償はしません」としている業者が結構いる。

これは顧客にとってかなり不利な約款だ。多くの人が四、五月の繁忙期に冬物を収納する前にクリーニングを利用するが、そのままタンスへ収納する人がほとんど。数カ月後、寒くなってコートを出したら、穴だらけだったなどという場合、「一カ月を過ぎているので……」という理由で業者は賠償を拒否することになる。一方的にクリーニング店に有利な約款だが、この様な約款は認められない。今までこの業界に根付いていたクリーニング事故賠償基準を、勝手にねじ曲げることは出来ない。

消費者保護の団体などは、クリーニング会社のホームページに書かれた約款をチェックし、「賠償は一カ月まで」とする業者に注意を促している。現在でもこんな約款になっている業者がいるが、これも業界の裏ノウハウである。

いくつか業界の裏ノウハウを挙げたが、これらは、クリーニング業者の収益には貢献するけれども、モラル違反や違法であることは事実であり、何よりも消費者の利益を損ねることは間違いない。こういった裏ノウハウが数多く存在するのは、クリーニング業界の体質を表していると思える。

4 テトラクロロエチレン

築地市場の豊洲移転問題という話があった。移転賛成派と反対派がそれぞれぶつかったが、その中で「土壌汚染」が話題となり、豊洲にかなりの土壌汚染がみられることから水掛け論になり、ついには築地も「かつて進駐軍のクリーニング工場があったのでドライ溶剤により土壌汚染がある」という話が出てきた。しかし、実は築地だけでなく、全国各地のクリーニング所（ドライ設備のある事業所）の敷地についても、土壌汚染されているところが多い。

昭和四十年代、大手業者がクリーニング業界に登場した時代、ドライクリーニング溶剤として「テトラクロロエチレン」が使用され始めた。もともとは金属洗浄に使用されていた溶剤をクリーニングでも利用したのである。最初は欧米で使用され、それが日本にも伝わった。テトラクロロエチレンはクリーニング業界では「パーク」と呼ばれ、大小を問わず多くの業者が使用を始めた。この時期にクリーニング業界入りした業者は、ほとんどがこのパークをメインとしてクリーニングを行った。

パークの良さは、なんといっても洗浄力の高さである。油脂溶解力を示すKB値という数値では、石油系溶剤の何倍も高い。圧倒的にきれいになるのなら、使わない手はない。価格も安く、使用しない方がおかしいくらいだ。石油系では前処理（衣類の汚れている箇所を事前に薬品をかけるなどして落としやすくする作業）が必要な汚れも、パークならそのまま洗っても大丈夫。この魅力で多くの業者が使用した。

一九七〇年代後半、このパークに、「発ガン性の疑いがある」と初めて危険信号が出た。これに合わせて土壌汚染、地下水汚染を引き起こすことも判明した。それまで知らずにスラッジ（残りカス）を捨てていた業者達は慌てた。そんなことは、それまで全く聞いていなかったからである。

各機械製造メーカーはこれに対応し、この溶剤専用の洗濯機は溶剤を外にもらさないように改良がされ、密閉型の機種が開発された。しかし、完全に外部に漏らさなくすることはできない。保健所も規制に動き、「パークをやめて、石油にせよ」と、従来の石油系溶剤に変更するよう各業者に勧めた。しかし、住宅地、商業地で石油系溶剤を使用すれば、建築基準法違反となる。保健所は国土交通省の管轄に当たる業務には全く触れられない。零細業者にとっては、これが後の建築基準法問題につながってゆく。

こういった問題の他にも、日本で製造販売される衣料品の素材が複雑になり、パークでは洗えない製品が多く出回ったこともあり、パーク使用の工場は次第に減っていった。それでもこの溶剤を信奉する業者は現在でもおり、いまだに使用されている。

今から約三十年前に書かれた『ハイテク汚染』（吉田文和著、岩波新書）にはこの様に書かれている。

クリーニング店の前を通るとにおう独特の香りがテトラクロロエチレンである。これは、ドライクリーニングに多く用いられているほか、半導体製造にも一部使用されている。クリーニング業を対象とした最近の疫学調査（死亡一七〇〇名対象）では、虚血性心疾患を除く「その他の心疾患」、肝硬変を除く「その他の肝疾患」の死亡割合は、男女とも全国平均に比べ有意に高いことが明らかとなっている。

こんなことが昔からわかっているなら、さっさと対処すべきだったのだと思うが、クリーニング業者の、この溶剤に対するこだわりは強く、多くの業者が使用を継続し、結果として土壌汚染を引き起こした。パークの場合、比重が水の一・四倍あるため地中にしみ込んで滞留する。そのため、使用を止めた工場であっても汚染は残る。一九六〇年代から七〇年代にかけ、大部分の業者が使用していたため、現在も土壌汚染に悩む業者、元業者が多い。

ある大手業者は、保健所の再三にわたる是正勧告を無視したため、最終的に逮捕されてしまった。またある業者は、近隣住民の指摘に脅え、自殺してしまった人もいる。農地の近隣で工場を稼働し、井戸水に汚染が見つかったため、工場稼働中はずっと浄化費用を払い続けていたという業者もいる。

パークによる土壌汚染は、この様にクリーニング所（ドライ設備のある事業所）ならばたいてい抱えている問題であり、周辺住民にとっては健康被害に関わる深刻な問題にも関わらず、ほとんど伝わってはいない。都心など人口密集地ではもっときちんと調査するべきだと思うが、それも行われていない。ただ、建築基準法のときのように全業者を調査となれば、混乱は必至だろう。

クリーニング業界においては、このパークに関わる問題はある意味最大のタブーであるといえる。先に

テトラクロロエチレンを使用しているクリーニング業営業者の皆さまへ

クリーニング業における テトラクロロエチレンの労働衛生管理について

ドライクリーニングに使用されているテトラクロロエチレンは、重篤な健康障害のおそれがあることから、労働者のばく露防止・健康管理のため、「特定化学物質障害予防規則」などの法令に従って、正しく使用する必要があります。

今回、作業環境評価基準の改正により、テトラクロロエチレンの作業環境中の管理濃度が50ppmから25ppmに変わります。適用は平成28年10月1日からになりますので、作業環境測定などの作業環境管理を進めていただきますようお願いします。

また、これを機会に、テトラクロロエチレンの正しい使用方法についてこのパンフレットを参考に点検してください。

事業者が守らなければならない主な項目

1 作業環境測定の実施、評価に基づく改善措置（特化則36条～36条の４）
2 テトラクロロエチレンに係る発散源対策（特化則38条の８（有機則5条を準用））
3 特定化学物質作業主任者の選任（特化則27条、28条）
4 特殊健康診断の実施、結果に基づく事後措置（特化則39条～41条）
5 発がん性を踏まえた措置
①作業記録の作成及び保存（30年間）（特化則38条の４）
②有害性等の掲示（特化則38条の３）
③作業環境測定、健康診断等の記録の保存（30年間）
6 安全衛生教育の実施（安衛則35条）

◆このリーフレットでは、法令の名称を次のように略記しています。
特定化学物質障害予防規則→**特化則**　有機溶剤中毒予防規則→**有機則**　労働安全衛生規則→**安衛則**

テトラクロロエチレン（別名：パークロルエチレン）

<性質>
◆蒸気には強い麻酔性があり、中枢神経系、呼吸器、肝臓などに障害を起こすおそれがある。吸入だけではなく、皮膚からも吸収されることがある。
◆おそらく発がん性がある（国際がん研究機関（IARC）の評価）

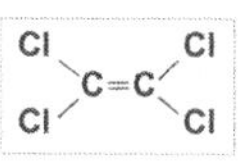

<規制>
◆特定化学物質障害予防規則の **特別有機溶剤（特別管理物質）**

厚生労働省・都道府県労働局・労働基準監督署

1

厚労省が基準が厳しくなることを伝えた書類だが、業界では全く話題にならなかった（2015年11月）。

紹介した建築基準法問題も大きなタブーだが、建築基準法に関しては、零細業者だと違反である事実を理解していない場合も多く、長年放置した行政責任の比重もある。しかし、パークを使用している（あるいは使用していた）業者はそうとわかっていてこの問題に触れず、話題にされること自体を嫌っている。業界全体で隠蔽しているといっても言い過ぎではないくらいだ。

どこの地域でも、かなり高齢のクリーニング業者が廃業せず、今も細々と操業している姿を見る。人生の最終盤まで仕事を継続する姿勢には敬服するが、実はこれにも事情があるという。クリーニング所は、保健所に廃業届を提出すると、保健所職員がクリーニング所所在地に来てパークの残留を調査する。ここで基準値を超える汚染が確認されると面倒なことになる。このため土地を借りて工場を稼働させている業者は土地を返すことが出来ず、土地を所有している業者も転売することが出来ない。まさにクリーニング業者の悩みの種となっている。

二〇〇九年にロイヤルネットワーク、きょくとうの建築基準法違反に端を発する全国一斉のクリーニング所調査が行われた際、全国三万八〇〇〇カ所のクリーニング所を一斉調査と発表されたが、実際にはクリーニング所は約二万八〇〇〇軒しかなかった。

クリーニング所が激減したのかと思われたが、実は各業者が廃止届を出していなかったのである。クリーニング業者のずさんさを表す話だが、廃止届けを出さない理由の一つに、パーク汚染の事実に触れたくなかったことが挙げられるだろう。

二〇一七年、厚生労働省はクリーニング所の作業環境評価基準を改正し、作業環境中の管理濃度をそれまでの五〇ＰＰＭから二五ＰＰＭとした。より厳しくなったが、これに対してクリーニング業界はどこも何の反応も示さなかった。

理由は明らかで、基準を厳しくしても、以前の基準すら守られているかどうか怪しいのだから、ただ無視するのが最良の策というわけだ。

この問題も建築基準法問題同様、多くの業者が抱えるタブーだが、クリーニング所、特に住宅地周辺の土壌は汚染されている可能性が高い。築地、豊洲市場の関連で住民の土壌汚染に関する関心が高まってくれば、多くの業者が影響を受けることになるだろう。

5　保健所

クリーニングは保健所が管理

クリーニング業は厚生労働省の管轄なので、各業者を直接管理するのは各地の保健所である。クリーニング所を開設する場合などにはクリーニング業者は最寄りの保健所に申請を行う。

一九九〇年代からクリーニング業界は、それまでの取次店（商店などに委託してクリーニングを集める方法）から直営店の時代に移った。直営店はクリーニング会社が店員を店舗に置いて営業するため、店員は交代制となる。すると、ここに保健所が来て「店員が替わったんですか？　では、書類を申請して下さい」となる。これが面倒でたまらない。

クリーニングの法規自体が家族経営をしていた時代の業者に合わせたものなので、従業員が交代で受付をする現代の店舗にはまるで合っていない。それがわかっているのか、保健所も五年に一度くらいしか来ない。お互い古い法律に迷惑しているのである。

コンビニでクリーニングを開始

二〇世紀の終わり頃、コンビニエンスストアでクリーニングの取次が始まるという情報が流れたことがある。スーパーのときと同様、コンビニで行ってもらいたいサービスとして、クリーニングが上位に挙がったのを受けてのことだった。果たして、コンビニ各社は一部店舗でクリーニング受付を始めた。カウンターで品を受けるのではなく、クリーニングボックスに自己申請で品を入れるという仕組みだった。

クリーニング業者にとって、これは不思議な話だった。私たちが取次店を開店する際、いつも坪数は二坪以上と決められている。七〇センチ四方のボックスでは、全く面積が足りない。これでは従来のクリーニング業法に違反ではないか。なぜこれが認められたのだろうか?

ただ、コンビニのクリーニング受付も既存業者にとって脅威とはならなかった。一店舗の売り上げが月に数千円程度で、毎日配送車を廻していたら採算割れもいいところ。売上にならないのである。コンビニは二十四時間営業なので、夜中に問い合わせや苦情の電話が入ってくる。利益も出ないのに二十四時間対応しなければならず、当初取り組んだ業者はたいてい撤退したが、現在でも続いているので、誰かがやっていることには間違いない。

ここで問題なのは、誰がやっているのではなく、なぜ認可が下りたかである。一般の業者には古くさい生衛法に沿った法律をむりやり当てはめ、コンビニのような巨大資本には簡単に認可することがまかり通るようだ。

新業態が続々と登場

その後も既存の形態に当てはまらない、新しいクリーニングが続々と登場した。

郊外型の大型コインランドリーが十年ほど前から次々と開店を続けている。最近はさらに加速し、二〇一七年現在で二万軒だが、三年後には五万軒になるといわれている。新しい投資先として他業種からの参入も多い。

近年、都市部で成長著しいといわれているのは「ネット宅配クリーニング」である。世界一優秀な日本の宅配システムを利用し、衣料品を送れば宅配業者が仕上がり品を宅配する方法は、多くの業者が参入しているが、ネット関連に詳しい業者が参入し、売上の落ち込んだ既存業者に下請けさせ、巧みなネット広告で発展を続けている。現在のところ、大都市にしか需要がないといわれているが、今後はどうなるかわからない。

また、大都市には入居者が数百世帯もある大型マンションが林立している。これらには居住者の面倒をみるマンション・コンシェルジェなる世話人がいる。この人達が住民のクリーニング品を集め、クリーニング業者に渡す取次をする「マンション・クリーニング」も、どこでも当たり前に存在する時代になった。管理人はクリーニング業者から手数料を受け取る仕組みだ。マンションの住人にとっては、居ながらにしてクリーニングが利用できるのだから、利便性は非常に高い。

コインランドリーの洗濯機、乾燥機を利用し、洗濯物をたたんでお返しするサービスも登場した。法的には怪しい印象もあるが、着実に店舗が増えている。

しかしこれらクリーニングの新業態については、マスコミに何度も紹介されて話題になっているにもかかわらず、通常のクリーニング店舗がどこでも行っている保健所への申請がほとんど成されていないことがわかっている。

二〇一七年二月二十三日、民進党の井坂信彦議員が国会においてこれらクリーニングの新業態について質問し、「保健所等への申請は成されているのか」と質問したが、厚生労働省担当者は「一つもない」と回答した。なんと、クリーニングの新業態は保健所の申請なしに行われていたのである。これには驚かされた。

保健所が被災地支援を妨害

時代に合わない法規の極め付きは二〇一一年、東日本大震災の際に起こった。

二〇一一年三月十一日、大地震が発生。原発事故によって周辺住民が私の住む須賀川市に避難してきた。彼らは市内の体育館などに滞在し、食料などが配給されたが、すぐに問題が起きた。

当社で運営しているコインランドリーが、どこも満杯になったのである。断水状態の住民の使用もあったが、避難して来た人たちの利用が多かった。避難所には二カ月間、洗濯機などが置かれなかった。そこで私たちは避難者への無料クリーニングサービスを始めた。

これは大変喜ばれ、マスコミに何度も取り上げられ、テレビでも放送された。困ったときはお互い様で、あの深刻な被害の中でも、会社のモチベーションは上がり、人の役にも立つし、有意義な活動だったと思う。

すると、避難所に保健所が現れた。「下着類を預かることは法律で禁じられています。すぐに停止して下さい」と、無料クリーニングの停止を要求してきた。

県内企業の取り組み事例

実際に社会貢献活動に取り組んでいる企業は、どのような活動をしているのでしょうか。須賀川市と只見町の企業を取材しました。

株式会社セルクル 須賀川市
本社：須賀川市影沼町247
TEL（0248）73-2332
主な取り組み ●文化活動 ●無償クリーニング 他

「災害時の洗濯ニーズが今までは想定されていなかった」と鈴木和幸社長。「この経験は今後の行政などの災害対策に活かして欲しいと思います」。

株式会社 セルクル
鈴木《すずき》 和幸《かずゆき》 社長

震災時、避難所で過ごす人たちの衣類を無償で洗濯・集配

須賀川市に本社のあるセルクルは大正9年創業の老舗クリーニング店。三代目社長の鈴木和幸《すずきかずゆき》さんは「地域と共に発展したい」との思いを込め、7年前にフランス語で〝円〟の意味があるセルクルに社名を変更。毎年、福祉施設で無償クリーニングを行うほか、クラシックコンサートを開くなどの地域貢献に積極的に取り組んできました。

東日本大震災時、須賀川市最大の避難所となった須賀川アリーナは会社のすぐ近く。セルクルでは、着の身着のまま避難してきた人たちのために、肌着をはじめ衣類を無償で洗濯して届け続けました。鈴木社長は、「あの時は、自分たちにできることをやらなくてはならない、と自然に思いました」と振り返ります。「災害時であっても、人が清潔な衣類を身につけたいと思うのは当然です。それが、これまでは想定されていなかったのではないかと思います」。

セルクルでは試行錯誤の結果、須賀川アリーナなど、各避難所に設置したカゴに洗濯物を入れておくと洗濯終了後に送り届ける仕組みをつくりました。

避難所に通い洗濯物の集配を続けた事業統括本部長の冨田俊三さん。「ありがとう」と涙する被災者の姿が忘れられないそうです。

株式会社 セルクル
冨田《とみた》 俊三《しゅんぞう》 事業統括本部長

「この会社に勤めてよかった」地域貢献で職員の意識が変わる

一方で、事業統括本部長の冨田《とみた》俊《しゅん》三《ぞう》さんは「無償の洗濯は社会貢献だけが目的ではなかった」とも話します。

「震災後、幸い工場はすぐ稼働できたのに、全く仕事がありませんでした。当社はパート従業員がほとんどですので、仕事がないと彼らの収入が途絶えてしまいます。従業員を一人たりとも解雇しないために、資金が続く限り、何でも洗おうと社長と話し合って決めました」と冨田本部長。

さらに、避難所近くのコインランドリーに長蛇の列ができているのを目の当たりにした鈴木社長は、系列のオーナーに呼びかけて避難者にコインランドリーを無料開放しました。

無償の仕事が続き、震災後の4月は、売り上げが前年度の半分。しかしその後、クリーニングの需要が一気に持ち直し、平成23年7月決算は黒字で終わることができました。

鈴木社長は、「予想もしない事態にも、会社ぐるみで前向きに取り組んできたことが、職員の士気を高める結果になった」と感じています。

震災後の仕事が一段落したタイミングに、ある職員から「この会社に勤めていてよかった」と言われたことが、うれしく、印象深かったと冨田本部長は話します。「自分たちの働いている会社は、職員を大事にし、さらに地域貢献している誇れる会社だと伝えられたことが、活動の一番大きな意義だったのではないかと今になって思います」。

避難所が閉鎖され、避難生活者が仮設住宅に移った後も、セルクルは避難生活者専用のカードを作り、原価でのクリーニング提供を継続しています。社名に込められた理念通り、地域・社員・避難生活を送る人たち――幾重もの円を縁にしながら、セルクルは地域貢献活動を続けています。

はあとふる・ふくしま 2013.12 4

避難所支援は自発的なものだったが、驚くほど多くのメディアが伝えた（『はあとふる・ふくしま』2013年12月号、福島県社会福祉協議会）。

「大勢の人が困っている。止めるわけにはいかない」と反論したが、「ダメです、法律です」と譲らない。大勢の人が困っている未曾有の災難だというのに、こいつらは何を言っているのか。

この件は、避難所の管理人が保健所に頼み、サービスは継続された。保健所なんて日頃からなんの役にも立たないのに、バカじゃないかと思った。

非常事態の見極めができず、被災地支援の妨害となるような指導しかできない。被災地に来たのも、テレビでこのことが報道された翌日だった。

法規や行政の無価値化を証明

保健所は昔からある既存の業者や、普通に店舗を構えている大手業者には年中見回りに来るのに、保健所に申請すらしないで堂々と営業している新業態は全く無視していることになる。井坂議員も「これは不平等ではないか」と発言している。

いうまでもなく、これはクリーニング業種に関する保健所の管理が今では価値が全くなくなっていることを示している。諸外国にも、クリーニング業を保健所に当たる衛生局が管理するところはない。日本だけの行政の都合で、保健所が通り一遍の仕事をしているだけである。

だから、新しいタイプのクリーニング業者が登場しても、全く対応できない。少しは勉強すればいいと思うのだが、役人は自ら仕事を増やすことはしない。

新業態も、旧業態と同じように管理をしろと言いたいところだが、そもそもこれは管理自体に意味がない。そうなると、クリーニング業種を厚生労働省の管轄にしておくこと自体が無意味だという結論に達する。

少なくともホームクリーニング（一般の顧客から洗濯物を預かるクリーニング業者）の分野において、衛生上の問題が発生したということは聞いたことがない。そういう中で、昭和三十二年の法律にいつまでも縛られる必要があるのだろうか。井坂議員は、そのことを言いたかったのではないだろうか。

衛生状態が悪かった昭和三十二年当時ならともかく、口に入る食品衛生などとは全く違うクリーニングが今でも厚生労働省管轄なのはおかしい。

衛生上の問題など、何十年間も全く発生していない。だから新業態に全く対応できないなどの矛盾が起きている。強いていえば、天下り維持のためにむりやり付き合わされているようなもの。これもまた、生衛法の問題である。

6　刑務所とクリーニング

刑務所の中にクリーニング工場があることをご存じだろうか？　実は、日本の刑務所の数カ所で、刑務所入所者達が社会復帰の一環としてクリーニング技術を学んでいる。しかも、一般の方々の品も刑務所内でクリーニングされている。こういった現実はほとんど知られていないと思われるので、ここでご紹介したい。

求人募集で来た青年

数年前、私の会社に二十一歳の青年が募集に応募してきたことがあった。履歴書を見ると、この若さでクリーニング師の資格を持っている。

これは大変珍しいことだ。履歴書には前職が書いてなかったが、前職は川越のクリーニング店ということだ。どこの店かと聞いたが、彼はシドロモドロになった。とりあえず面接を終えて彼がいう川越の前の職場に電話してみた。

「はい、川越少年刑務所です」

こんな返事が返ってきてビックリした。彼は少年刑務所に服役していたのだった。この青年の名前を告げると、「間違いなく当方にいた者」だった。川越刑務所は、十六歳から十九歳の少年が何らかの理由で犯罪を犯したときに服役する施設であり、中では受刑者が社会復帰のため、クリーニングを始め理容業、自動車修理などの技術を学んでいる。

こんなことが縁で、私は業界団体でこの施設を見学させてもらうことにした。

川越少年刑務所の様子

川越少年刑務所は四〇〇メートル四方の敷地に二八二名の職員が働き、一五五一名が収容されているという。職業訓練は刑期八年未満の初犯者を対象にしており、すべての受刑者が受けているのではなく、全体のわずか二、三％の受刑者に限られた訓練であることも説明された。職種は理容科、自動車整備科、数値制御機械科、ホームヘルパー科などに混じってクリーニング科があるが、社会復帰の可能性が高い受刑者を対象としている。

作業現場は場所が場所だけに施錠などの管理が厳格に行われていた。注目のクリーニング訓練所に入ると、建物すぐ横に私たちには見慣れた石油系ドライ機や乾燥機が仕切られていた。

ここでの品は一般から預かっているという。この施設が中野区にあった頃からの取引先があり、三〇軒の取引先がある。作業は七時五十分頃から始まるが、午後二時には終了して残業がないため、品数が多いときには遅れて出荷するのだという。おそらくは取引先のすべてが零細業者なのだと思う。初めての見学、しかもそうそう見ることの出来ない刑務所内の施設なので、参加者は誰もが大変興味深く作業風景を見ていた記憶がある。

川越市にある川越少年刑務所

全国にこの様な刑務所内のクリーニング研修施設が三カ所あると聞いた。クリーニングの法規では、顧客にクリーニング作業所を公開する義務は存在しない。どこかのクリーニング店を利用すると、実はそれは刑務所で作業が行われていることがあり得るというわけだ。

現実にそぐわない研修

犯罪を犯し、社会からドロップアウトした青年達を社会復帰させるべくこのような研修をさせているのだが、残念ながら、ここで訓練してもクリーニング会社に勤務することは不可能だろう。ハッキリいえば、社会に出ても役に立たないことばかり教えられている。

所内では、現在はほとんど使用されていない旧式アイロンが使用されていた。実際に使わない道具の使い方を学んでも、意味がないのは明白だ。水洗用洗濯機などの設備も、昭和三十年代を意識して揃えたような骨董品ばかり。

どうせやるなら、現実に即した研修をすればいいのだが、法律に従って研修すると、このような結果になる。ここでも生衛法の弊害が出てくる。

クリーニング業界は慢性的な人手不足に悩まされている。そう考えれば社会復帰できるチャンスもあるのかと思われるが、全く残念である。刑務所担当者は「受刑者の目的として、クリーニング師の資格を取得させるということが前提である」とのことで、この年も受験した約三〇名の全員がクリーニング師に合格したことが告げられた。

このように、まだ若い受刑者に社会復帰のチャンスを与えるのは良いが、やり方が古すぎて全く意味がないものを見せられた気がした。このようなことも、おそらくは誰も知らないだろう。誰にも知られずにクリーニングの勉強をして、クリーニング師の資格を持つが、社会に出てもそれが何の役にも立たないのであれば、なんと無意味なことだろうか。

7　受付がすべて

店員教育を重視

一般の客がクリーニング店に洗濯物を持ち込む際、そこで待っているのは間違いなく店員である。特別の事情がない限り、お客様は店員以外の人と会うことはない。各クリーニング店にとって、店員は顧客との唯一の窓口となっている。そういうことから、各クリーニング会社は、店員教育に相当力を入れている。会社での勉強会ばかりでなく、先生を呼んでの接客講習会などが盛んに行われる。また、クリーニング業界には「店員教育の先生」がたくさんいる。先生達は各クリーニング会社や業界団体に行き、勉強会を行って優れた受付のテクニックを指導する。

かつて、クリーニングで売上を上げるのは工場だとして、質、量ともにすぐれた品質を達成できる工場こそが大切だといわれていた時代があった。今はそれが受付店員にシフトされ、会社の予算の多くが店舗や店員教育に注がれている。それだけ店員が重視される時代になったのである。この傾向は近年特に顕著になった。

店員は売上の鍵

なぜ店員教育が多くなったのだろうか？　一つにはクリーニング店がスーパーなどのテナントに入ることになり、「お客様は神様」で接客が重視されるようになったことである。しかし、それ以上に重要なのは、店員が売上を上げる重要な役目を担っているからである。

クリーニングは長らく低価格競争が続き、なかなか単価が上げられない。その様な中で、顧客が品を持ち込むと、店員がいろいろ追加の加工や追加料金のかかるオプションを勧める「トッピング商法」が盛んになってきた。顧客への「お勧め」を担当するのが店員の役目。そこで店員教育を盛んに行い、追加料金を取れるようにしたのである。つまり、店員こそが売上の鍵というわけだ。

毎月一回、どこの会社でも工場ごと各店舗の店員を集め、店員会議が行われる。その席で各店の成績が発表されるが、「加工獲得率」や「付加価値獲得率」なども同様で、たくさん取った人は表彰されたりする。店員を競わせることは売上上昇に直結する。

店員教育の裏側

しかし、実はもっと大切なことがある。

多くの人々は、クリーニングの内側を知らない。前に挙げたように、ほとんどの品がアイロンなしで仕上げられていても、客はみんなアイロンをかけるものだと思っている。客の大半はクリーニング作業を頭でイメージできないだろう。そうなると、目の前にいる店員こそが「クリーニングのイメージ」そのものになる。そうなれば、接客態度が良ければ、その会社は「いい会社」ということになるのだ。悪く言えば、品質が悪くても、店員の笑顔でごまかせるということだ。

また、怪しげな加工や有料シミ抜きなど矛盾した追加料金でも、店員の態度が良ければ客はそれが正当なものだと思いこむ。不正も不正でなくなってしまうのだ。

ある女性国会議員の方と話をしたとき、クリーニングの変な追加料金について説明したことがある。最初からシミ抜き料金を取る行為はおかしいと説明したが、この方はこう答えた。

「私の出してるお店は大丈夫よ。店員さんは最初に検品して、まず汗抜きクリーニングをして、それで落ちないときにはシミ抜き料金というんです」

これはおかしな話である。汗抜きクリーニングは衣料品に付いた汗を落とす作業であり、シミ抜きとは直接関連がない。シミを見つけたらその加工を勧めるという行為は間違っている。しかし、国会議員でも接客が良ければそれを正当な行為だと思いこむ。これこそが接客のマジックである。接客でインチキもごまかせるのだ。おかしな行為をしている業者ほど接客に力を入れるのには、こんな事情がある。

監視される店員

クリーニング会社は接客教育ばかりでなく、各店員の「監視」にも力を入れている。

クリーニング会社によっては、店員がいつも正しく受付を行っているかどうか確認するため、会社から依頼された人物が客を装って店舗に行き、品を頼んで店員の受け付け態度を評価している。最近は人手不足によってさすがにこのような行為をする業者は少なくなったが、低価格店ほどこんなことを行っている。自社の店員を信用せず、常に監視しているというわけだ。

また、各店には安全上の理由から防犯カメラが設置されているが、これが防犯目的ではなく、店員の監視目的に使用されている場合もある。防犯カメラはカウンターの外に定点観測で向けられているのが普通だが、店員を監視するところでは、外部から遠隔操作でカメラの方向を変えることが出来る機器を設置している。「防犯カメラ」ではなく「店員監視カメラ」が正解だ。店員はいつも監視されているのだが、こんな気の休まるヒマもない店舗は誰でも嫌がるだろう。

受付の良い店員には注意

こういう事情があるので、受付がやたらと饒舌で、笑顔が常に絶えず、いろいろ話しかけてくるクリーニング店員がいたら、むしろ余計な追加料金を取られないよう注意するべきだろう。確かに、やたらと店舗には金をかけ、逆に工場は三十年前とほとんど変わらないような会社もある。

どんな商売でも、接客が良いに越したことはないが、クリーニングにはこんな側面がある。客は店員の笑顔に騙されないよう注意しなければならない。

第5章

ブラック企業を支えるもの

今日、ブラック企業は深刻な社会問題となっているが、それはクリーニング業界も同じである。しかし、これだけ大きな話題になっていても、反社会的なブラック企業は相変わらず社会に君臨し、打撃を受けながらも成長している。

なぜそうなのか？　それは、社会にはブラック企業を支援し、応援する輩が存在するからだ。その中には、立場上悪い会社と知りつつも応援せざるを得ないものもあれば、ブラック企業に脅かされ、渋々従っている弱い人もいる。どのような立場にせよ、絶対的社会悪であるブラック企業を支えていることは事実だ。

この章では、ブラック企業を応援し、支えている組織や集団を紹介していきたい。なぜブラック企業がなくならないのか、これをご覧いただければご理解いただけるはずである。

1　銀行はブラック企業の応援団

地方銀行の情報漏洩

二〇〇九年七月、ロイヤル社が建築基準法違反で摘発された直後、「ロイヤル社で問題が起きたが、地元の銀行は変わらず支援する」との民間の信用調査会社の情報が入った。ロイヤル社は地元の第二地銀、きらやか銀行からかなり融資を受けているという。

朝日新聞が社会面トップで扱う大きな事件を起こしたのに、それでも支援するのか……そこで私は、この銀行のホームページに投書し、この様な悪質な会社を支援するのはどうか、といった旨のメールを送った。やや子供っぽい対応だが、きらやか銀行はロイヤル社の実態を知らないのでは……と思ったのである。
約一カ月後、業界に変な噂が流れた。ロイヤル社が会合などで私が書いたという文章を業界関係者に配っているというのだ。ほどなくして資材業者からその配られた用紙を受け取った。私は驚いた。そこに書かれていたのは、一カ月前、きらやか銀行に送った文章そのままだったからである。ロイヤル社がこういう情報をあちこちにばらまくのは、クリーニング業界に建築基準法違反が多いことから、我々の秘密をバ

批判メール、客に漏らす

山形の地銀　送り主が指摘の相手に

山形県の第二地銀・きらやか銀行（本店・山形市）が、受け取った融資先の業者を批判するメールを、そのまま業者に漏らしていたことがわかった。東北財務局は個人情報保護法違反の疑いもあるとみて、銀行の処分を検討している。同行はメールの送り主に謝罪した。

投稿したのは、福島県内のクリーニング業の男性。同行の融資先の大手クリーニング業者の過去の不祥事に触れながら、業者の経営計画に疑問を投げかけ、銀行側に融資の再考を促す内容だった。男性が氏名、住所、電話番号、メールアドレスを添えて、7月末に銀行のホームページから送った。

男性は今月、同業他社や関係団体の職員から「あなたが誹謗《ひぼう》中傷していると、大手業者が言っている」と知らされた。この業者から流れてきたという文書を見せられ、「これ以上騒動を起こすな」などと言われたという。文書の中身は、銀行に投稿したものと同じで、名前や住所なども明記されたままだった。

男性は今月6日、きらやか銀行に説明を求め、内部調査で、業者担当の行員から流出したことがわかった。

男性は「メールがどこまで流出しているかわからず、大変怖い。業界内で非難され、商売にも影響が出かねない」と話した。

業者は取材に対し、「書かれた内容について相談するため社長が文書を数人に見せた。投稿者を非難する目的はない」と説明している。きらやか銀行リスク管理部の玉ノ井俊行部長は「信頼をいただいたお客様を裏切る行為で、申し開きができない。管理態勢に問題があった」と話し、今後、流出文書の回収を図るという。

（斎藤健一郎、東野真和）

朝日が全国版で報じたきらやか銀行の情報漏洩（『朝日新聞』2009年10月10日付）。

ラしたのはアイツだと、私を業界で孤立させようと考えたのかも知れない。

ともかく情報の発信源はきらやか銀行だ。私は取引銀行で親しい行員と相談したところ、「鈴木さん、これは大変なことですよ。銀行が顧客の情報を漏らしたらクビになってしまいます。そのくらい罪が重いんですよ」といわれた。

私はきらやか銀行仙台支店を訪ねた。出てきた副支店長に説明したが、「そのようなことは、銀行ではあり得ない」と驚いていた。なお本店に聞いて連絡をくれるとのことだった。

翌日、私の携帯にこの副支店長から電話があり、「間違いなく当行から情報が漏れた。申し訳ない。明日、リスク管理部長がお詫びに行く」とのことだった。

やっぱり銀行から漏れていた。こちらにはひとことの返事もなく、黙ってブラック企業に情報を流すとは、なんとひどい銀行だろう。私は腹立たしいのでこの話をマスコミに連絡しておいた。当社に謝罪にやってきたきらやか銀行リスク管理部長らは、新聞記者から取材を受けることとなった。

翌日、このニュースは各紙が全国版で流した。「きらやか銀、投稿メール漏らす」という見出しが各紙を飾った。信用が一番重要であるはずの銀行で、簡単に情報が漏洩するというのは確かに深刻な問題である。

しかし、この事件があったからといってロイヤル社が融資を止められたり、きらやか銀行が壊滅的なダメージを受けることはなかった。よくよく聞いてみたら、この銀行は今までにも行員の殺人事件、使い込み、浮き貸しなどを繰り返すとんでもない金融機関であり、『週刊ダイヤモンド』の「銀行余命ランキング」でも堂々のワースト1になっている有り様だった。

こんな銀行でも、地方では生き残れる。都会ではわからないが、他に代わるものがない地方だと生き残ってしまう。ブラック企業と共存共栄するのだ。

銀行員がクリーニング屋に転職する

日本の地域社会では、田舎に行けば行くほど、産業間の連携が密接になり、相互協力の体制が生まれる。民間企業と銀行が蜜月になることもあり得る。

山形県は、お世辞にも裕福な地域とはいえない。人口も少なく産業も目立つものはない。この様な地域では、地銀は融資先になかなか恵まれない。だからブラック企業であっても、発展していればそれを支援していく。

地方都市の第二、第三地銀ともなると、行員の収入は高くない。また、銀行によっては五十五歳を過ぎると給与がかなり下がるところもあり、決して楽ではない。出世コースから外れ、決められた道をただ行くよりは……と、他へ転職して第二の人生を歩む行員も多い。その方が実入りもずっと良くなる場合が多い。

実はクリーニング会社に転職する銀行員は結構いて、あちこちでそういう話を聞く。おそらく、他の生衛業も同じだろう。生衛業はもともと職人の仕事だったので、現場主義の社長が多く、会計処理などを苦手にする方が多い。元銀行員達は数字に弱い経営者に代わり、経理、総務、管理を担当するようになる。

しかし、銀行員は現場の仕事を理解するわけではないし、まず現場に行き、仕事を一つ一つ確認する熱心な人がいるとは限らない。彼らはあくまで数字の上から適切な運営を割り出していく。ところが、多くの業者は長年価格を下げて顧客を奪ってきた歴史があるので、低価格へのこだわりが強い。価格はいじれないとなると、今度は経費を削るしかない。生衛業はほとんどがサービス業であり、サービス業は人件費の比重が高い。そこで、元銀行員達は現場に猛烈に過酷な生産性を要求するようになる。これが、会社をブラック化する要因になる理由だ。

よく、地方で何らかの商売をしている店が、忽然と日本中に支店を出すようなことがある。飲食業などにそういう事例が多いが、銀行が介在しているのではないだろうか？　これは、と思った企業に投資し、育ててゆく。しかし、安定した経営基盤がないためすぐにつまずいていく。日本海側の焼肉店が突然主要都市に次々と出店していったが、食中毒が発生、あっという間に倒産したことがあった。無理な展開には大きなリスクが伴うが、融資先が少ない銀行にとってはそれに賭けるしかない。

ブラック企業は「優良企業」？

民間の信用調査会社に頼み、ブラック企業と呼ばれる会社の業績を調査すると、たいていの業者は預金残高や自己資金比率、成長率などの成績が良く、数字の上では「優良企業」とみなされる。

企業を評価する場合、一般には数字の上でしか判断されない。数字が良ければどんなにブラックであっても実情はわからない。会社を評価する際、「ブラック企業指数」などという基準はない。数字さえ良ければ銀行は融資に応じるし、取引先からも信用される。これに越したことはない。

優秀な経理士を抱える会社ならその必要はないが、銀行員はこういうブラック企業の経理に関わり、会計を担当している可能性が高い。そうなると、現場でどんなひどい行為が行われていようと関係がない。

銀行員は現場に行かず、本部で成績を上げるために努力する。そうなると、ブラック企業は一般に「内容のいい会社」とみなされ、ますます業績が発展していくのである。

ただ、これは総務と現場とのますますの乖離をうながすことになり、会社組織としては誉められたことではない。

銀行員はブラック企業の営業マン

これればかりではない。転職した行員は、古巣の銀行とも連携し、ブラック企業を成長させていくのである。

あるクリーニング会社があった。二つの工場を持ち、約三〇軒の店舗を持っている。この会社は、三年ほど前に赤字に転落したことがあった。価格を下げすぎたこともあり、債務超過になってしまったのだ。決算の後、借り入れのある取引銀行に決算書を提出したが、数日後、この銀行の行員が上司を連れてこの会社を訪問した。上司はこのようにいった。

「あなたの会社を買いたいところがある」

こんなことが普通にあるのかどうか他の県の行員に聞いてみたが、「通常はあり得ないこと」とのこと。確かに、担当銀行員が直接M＆Aを行うなど、聞いたことがない。かなり失礼な対応でもある。

現在、大きく発展しているクリーニング会社は、業績不振の同業他社を買い取って成長してきたところばかり。それは、他の業種でも同じだろう。ただ、もし取引銀行がいつも味方になってくれたらありがたい。逆に買われる側になったら、これほど怖いこともない。銀行は企業に金を貸している。「引き上げるぞ」

などといわれたらそれでおしまいだ。

近い将来、地方銀行は大きな改革があるという。今後、銀行再編が進めば、各銀行員もリストラがどんどん実施され、仕事にあぶれた行員崩れがブラック企業に就職し、ますます地方企業がブラック化するかも知れない。そういう意味で、ブラック企業を支援する「ブラック銀行」には何かの歯止めが必要だ。ブラック企業に行員を送り込み、融資を続ける銀行には、公的支援をしないくらいの決断をして欲しい。

2　ブラック企業はオラが村のヒーロー

地方はのんびりしている

おおむね生衛業種のブラック企業は、都会より地方で成長しやすい特徴があると思う。地方には彼らが発展する要素がたくさんあるからだ。前述の通り、「地銀」というブラック企業のスポンサーがいるが、それ以外にも、彼らを後押しする人々が大勢いる。

誰もが感じるように、田舎は「のんびりしている」。すべてがゆったりとしているので、居心地はいいが、スピードが遅くてイライラする人もいるだろう。ロイヤル社のある山形県も、車はゆっくり走っているし、第一みんなマナーがいい。ギスギスしたところがなく、心が和むようだ。むしろ良いところだ。

しかし、ブラック企業はそこを突いてくる。田舎のコミュニティーでは、人口もそう多くないため、軋轢を恐れて少々のことでは人に文句をいわない。たいていのことは我慢する。サービス残業をさせられても、給料から天引きされても、ほとんど苦情が出なかったのはそのため。少々の問題では従業員が騒いだりしないから、ブラック企業は図に乗ってさらなる展開を図る。

日本の文化を「おもてなし」という人がいる。仕事も淡々とこなすのではなく、そこにいろいろな付加行為を加えれば、された側は喜ぶだろう。しかし、それをビジネスの土俵に乗せればやはり負担が増え、時間がかかり、単純に時給は発生する。それを出さないというなら会社として問題があるだろう。田舎の生活は「おもてなし」に溢れているが、それらが正当に評価されているとは感じられない。

労働評議会がクリーニング会社の各地の店員達にアンケートを取ったとき、東京に近い店舗ほど、不満の表現はストレートになっていった。東京から離れた地域の人からの回答は、我慢に我慢を重ね、つらい気持ちを絞り出すように吐露した表現が多かった。地方の人は、少々のことは「我慢」する。それが、ブラック企業をつけ上がらせる結果になっている。地方には産業が発展していないため就職先が少なく、辞めてしまうと他に仕事がないのも要因の一つだ。

労働問題に地方を利用

不便な地方に本社を置きながら、他県にまたがり展開するブラック企業は、労働に関連する問題が起こった場合、大変有利になる。

まず、残業代未払いやパワハラなどで労働基準監督署に行っても、本社が遠いと役人は余り動いてくれない傾向がある。しまいには、「本社に行って下さい」などといわれるだろう。休みの日に他の県まで行くのは億劫だ。だから我慢するようになる。

社内においても上司に苦情をいっても、上司は、「そういうことは、本社に問い合わせて下さい」で逃げられる。本社が田舎にあると、ブラック企業には有利なことだらけなのだ。

ロイヤル社の場合も、二〇一四年と二〇一五年に元店員が労働評議会から団体交渉を申しこんだとき、「本社まで来て下さい」といわれ、結局その通りにした。まるで、戦国時代の将軍が敵に攻められまいとして交通の不便な場所に城を建てたような話を連想させる。

ブラック企業を讃える地方都市

地方には目立った産業がなく、発展している企業もそう多くない。近年は過疎の問題が深刻になり、地方の疲弊はどこでも拡大している。

そういう状況では、多少問題があったとしても、発展を続ける企業は「地方のヒーロー」として讃えられることになる。他県にも進出する大企業となればなおさらだ。

地方のテレビ局、新聞社は、スポンサーが少なく、常に広告が取れずに困っている。ブラック企業はその悪質な実態を隠すため、一般の会社より多くの広告媒体を使用する。この図式の中で、ブラック企業が地方マスコミの上得意様になっていく。

地方紙は各支店の記者が広告記事の営業マンを兼ねているような状況なので、基本的にスポンサーのことを悪く書くことはない。そのため、ブラック企業の実態も地元地域で伝わることはない。

二〇一七年十一月、ロイヤル社の保管クリーニング遅延問題が起こったときも、報道が朝日新聞夕刊だったため、夕刊のない山形県には情報が伝わらなかった。地元山形新聞は、「出荷が遅れている」とし、まだ洗わない品もあった実態を報道することはなかった。

より深刻なのはテレビである。人口が少ない地域にも、民放テレビ局は三つも四つもあるため、なかなか広告が取れない。そこでブラック企業は重要なお客様となる。ある人が、「地方のCMなんて、パチンコ屋とブラック企業ばかり」といったが、言い得て妙ではないか。特に地方では新聞社とテレビ局が連携しているので、ますますブラック企業には素晴らしい環境になっている。

私は地元でロイヤル社のCMを流すテレビ局の人物と会う機会があり、残業代未払いの記事を見せ、この様な業者のCMを流すのはいかがなものかと質問した。返ってきた答えは、

弊社にとっては、広告主はお客様です。弊社の行動が風評被害のもとになることもありますので、慎重に状況を見ながら判断していくということでした。

とのこと。お客様じゃあ仕方がないというわけだ。地方のマスコミは、ブラック企業と共存しないと成り立たない現実がある。

ブラック企業を表彰する地方の人々

地方においてはブラック企業が地域から表彰されることがある。

二〇一一年、ロイヤル社は、「県内産業の発展に貢献した」として、県より「山形県産業賞」を贈られている。堂々と表彰されたのである。

二〇一一年当時、まだロイヤル社における残業代未払いなどに始まる様々な労働問題は発覚しておら

ず、ロイヤル社の労働実態ははっきりとは暴露されていなかった。しかし、二年前の二〇〇九年には会社を挙げての建築基準法違反問題が全国に報道されており、悪質な所業が暴露されていた時期である。そんなときに当事者の業者を表彰するとは、いったい山形県は何を考えているのだろうか。朝日新聞が社会面トップでその不正を扱い、八県にまたがって不正な工場を操業していた事実はどうでもいいというのか。

ブラック企業であっても、本社のある地域において、社長は地元の名士だし、他県にも進出する成功者として地元ではヒーロー扱いされる。この様な事例はきっと他の業界にもあるのだろうが、この県の人々は、ブラック企業が他県にも進出して多くの人々から搾取し、ひどい迷惑をかけているのに、称え、表彰までして「ブラック隠し」を行っている現実を知ってもらいたい。

3　生活衛生営業指導センター

生活衛生営業指導センターの矛盾

第3章で、昭和三十二年に施行された「生活衛生関係営業の運営の適正化及び振興に関する法律（略称：生衛法）」という古い法律が、企業化した各業種の産業に追いつかず、結果としてブラック企業が誕生したいきさつを述べた。ここでは、それについてさらに掘り下げて説明していきたい。

生衛法により、選ばれた一八の業種にはそれぞれ生活衛生同業組合が結成され、それらが各都道府県に設立された。また、職種ごとに中央に「全国〇〇業生活衛生同業組合連合会」といった名前の連合会が置かれ、統括していった。

一九七九年、これら生衛法に基づく業種を対象にした衛生営業指導などを実施すると称して、公益法人・全国生活衛生営業指導センターが設立された。また、各都道府県にも下部組織の県生活衛生営業指導センターが置かれている。これとともに、全国生活衛生同業組合中央会などという組織もある。これらは厚生労働省の代表的な天下り団体である。

生活衛生営業指導センターは、設立の経緯についてこう述べている。

（生衛業種は）大部分は経営基盤が脆弱な中小零細企業であるため、ともすれば大企業の進出や業者間の過当競争により経営が不安定に陥り易く、ひいては適切な衛生水準の維持向上が阻害される傾向にあります。

このような現状から厚生労働省においては、生衛業の健全な経営の確保を図り、これにより公衆衛生の維持向上を期するために、生衛法に基づき、生活衛生同業組合及び生活衛生同業組合連合会の設立の促進に努め、これらの組合を通じて営業者の自主的活動の促進を図ってきました。

しかしながら、昭和五十年代にはいると生衛業を取り巻く経営環境は、社会経済の構造変化などから営業施設の年々の増加による過当競争、大企業の進出による事業分野の紛争が生じるなど、ますます厳しい状態になり、このような諸情勢に対応し生衛業の振興及び経営の安定を図るため、昭和五十四年に財団法人全国生活衛生営業指導センターが設立されました。

生衛業者は零細業者ばかりでこのままでは衛生環境が保てないし、大企業によって厳しい状況に追い込まれているから、我々が助けてやろうというわけである。

この説明は明らかに矛盾した箇所がある。まず、零細業者が競争にさらされると、衛生環境が悪くなるのだろうか？　競争と衛生環境には特につながりはない。現に生衛法が施行された昭和三十二年と現在とを比べれば、衛生環境は格段に向上しており、「競争が激しいから衛生状態が悪くなる」などということはない。これら産業を衛生環境と結びつけ、だから我々が必要なんだという「こじつけ」としか思えない。

また、文章ではまるで彼らのいう同業者の「大企業」が、彼らの管轄とは関係がないもののように書かれている。当たり前だが、大企業もまた生衛業の範疇であり、起業したり出店したりすれば保健所に申請もしており、やっていることは同じである。また、何より市場の大半は大手業者がシェアを持っており、直接消費者と接しているのは圧倒的に大手業者である。本来であればこちらを中心に話を進めてもらいたいものである。大手業者に何ら触れないこの文章は、自らの存在の必要性をアピールするだけの大嘘である。これこそ、生活衛生営業指導センターは、実はただの天下りで、社会には何の役にも立っていない組織である。

また、同センターはその事業概要について、このように記している。

① 生活衛生関係営業全般に関する情報又は資料の収集及び提供
② 生活衛生関係営業全般に関する調査研究
③ 都道府県生活衛生営業指導センターの事業についての連絡調整及び指導
④ 連合会相互の連絡調整及びその事業についての指導

⑤　標準営業約款の作成（理容店、美容店、クリーニング店、めん類飲食店営業、一般飲食店営業のＳマーク制度）
⑥　都道府県生活衛生営業指導センターの行う生活衛生関係営業に関する衛生施設の維持及び改善向上並びに経営の健全化についての相談、若しくは指導又は苦情処理にかかる業務を担当する者の養成
⑦　連合会の行う生活衛生関係営業に関する技能の改善向上若しくは審査又は技能者の養成の事業に関する技術的指導
⑧　生活衛生関係営業の振興を図るための事業
⑨　クリーニング師の研修及びクリーニング所の業務従事者の講習の実施
⑩　その他この法人の目的を達成するために必要な事業

これを見ると、①から④までは単なる資料の作成で、別にお役所の外でする必要のないことである。⑤の「Ｓマーク」は一般には全く認知されていない、意味不明の制度であり（各業種でも理解されていない）、⑥は苦情相談とのことだが、消費生活センターや消費者庁などこの仕事をする役所は他に複数ある。⑦、⑧のような事業は、限られた組合員がたまに行う行事に助成金（税金）を出すだけだ。

⑨のクリーニング師及び業務従事者の講習会が、同センター最大の事業である。クリーニング師と従事者は三年に一度、講習を受ける義務があるという。ところが、この講習は零細業者が主体となって行う事業であり、受講するのはシェアの関係で大手業者ばかりとなる。街角で小さく営業する零細業者が、事業

に成功した大手業者に講釈をたれる会は、さながら敗者が勝者に指導するようなものである。受講しなくても罰則もないので、受講者はどんどん減っている。もとより矛盾した講習会である。

前に記したとおり、二〇一〇年になると、当時の民主党政権下で行われた事業仕分けにより、この講習会は廃止と決定された。ところが、厚生労働省や全ク連らが暗躍し、知らない間に継続となった。なんのための事業仕分けかと呆れたが、天下りを減らされそうになると、必死になって防衛する厚生労働省にはウンザリさせられた。

この様に、生活衛生営業指導センターは矛盾に満ちた組織である。存在自体、全く意味を成さないこの組織が、結果としてブラック企業と呼ばれる業者を生み出している現状は全く腹立たしい。

4　生活衛生営業指導センターを支える全ク連

税金の無駄遣い、生活衛生営業指導センターをバックアップしているのが、他ならぬクリーニング業であり、たいした市場シェアもない生活衛生同業組合（生同組合）である。生同組合は東京にある全国クリーニング生活衛生同業組合連合会（全ク連）が統括している。

全ク連は厚生労働省が唯一認可するクリーニング団体であるので、クリーニング業界に流れる助成金や補助金などはすべてここに集中する。現実にはたいして顧客の品を受けているとはいえず、推定二〇％程度のわずかなシェアしかない業界の団体に、国民の血税を財源とする助成金のすべてが流れている矛盾がある。

事業仕分けで明らかになったように、生衛センターがピンチのときには全ク連が助け船を出し、センターも、クリーニング業界では市場シェアや事業規模には目をつぶり、全ク連しか相手にしない。お互いが持ちつ持たれつの関係にあるのだ。市場ではブラック企業が猛威を振るい、労働基準法など無視して発展を続けているのに、「自分たちだけ良ければいい、うまくやっていければいい」と現状に目を背ける姿勢は本当にあさましい。

復興予算を食い物にした全ク連

二〇一一年三月、東北地方は東日本大震災により多大な被害を受けたが、その四カ月後、全ク連は被災した岩手、宮城、福島の三県沿岸にクリーニング「仮設工場」を建設すると発表した。震災で被害を受けた被災者の洗濯物をクリーニングし、復興に役立てたい、ということで付いた予算だった。仮設工場は全部で一〇施設を建設するという。

これには矛盾がある。三県沿岸地域にはクリーニング工場がそれほど多くなく、沿岸地域のクリーニング工場の被害もさほど大きくなかったことだ。そもそも、津波で被災した人々は沿岸地域から離れ、内陸の仮設住宅や避難所に住んでいるので、この時期に沿岸に工場を作っても何の足しにもならない。また、被害を受けた大手企業も、あらかた立ち直っており、すでに営業をしているので、今更予算を付けられても、使い道がないとしか思えない。

同年九月、私は業界団体のつてをたどって全ク連に赴き、この実態を質問したが、全ク連事務局長は、「まだ何も決まっていない」と発言した。これについてまだ動きはないというのである。ところがその二日後に岩手県大船渡市に行ってみると、津波被害を受けた同県クリーニング生同組合理事長の工場で地鎮祭が行われたあとがあった。聞いてみると、仮設工場とやらはここだった。

結局、仮設工場の計画とは、身内の理事長が経営する工場を建て直すためだけに使用された。しかも、この工場は、建築基準法違反であり、行政からも改善を指摘されていた。しかし、仮設工場ならば災害特例措置で違反は免れる。国の予算で工場を建て直し、なおかつ自らの違反行為まで帳消しにしたのだから、なかなかあくどいものだ。「仮設工場」であるため、理事長の会社一社で使用するわけではなく、他に四人ほどの個人業者との協同施設だったが、工場は一億円くらいの年商を稼げる立派な最新設備で、個人業者などほんの少ししか利用しないのだから、実質的には理事長個人が使用していると思って間違いがない。

私は次の全ク連記者発表会に出て、「何も決まっていない」といった全ク連事務局長を「どういうことだ」と問い詰めようとしたら、事務局長は雲隠れして欠席していた。

上司の専務理事は仮設工場問題について「君には何も話さないことになっている」などと言った。「ふざけるな」と言いたいが、他の出席者は誰も何も言わない。この席には業界紙記者が数名いたが、全員がこの横暴な話に下を向いてほとんど何も抵抗しなかった。あとで聞いたら、業界紙は専務理事に逆らうと記事がもらえなくなるのだという。どうもクリーニング業界にはこの手の話が多い。

この専務理事は、クリーニング業界では「一番偉い人」だという。行政との結びつきも強く、現実に全ク連を牛耳っている。クリーニング業者でない事務方がトップになるというのは福島県同様だ。

クリーニング業界ではこんなことが平気でまかり通ってしまう。結局「仮設工場」はスタートし、地元岩手の新聞はこの話を美談として扱った。ところが、一〇工場作るはずだったものが、現実には大船渡の県理事長の工場だけ。あとは同じ岩手県の沿岸地域にドライ洗濯機を一台入れただけだった。しかも、工場は岩手県生同組合理事長のもの……。付けられた予算と全く違う形でこの計画は終わった。

予算計画そのものがおかしかったし、現実にシェアのない全ク連に頼んでも、何も知らないのでこのていたらくだ。業界全体に広く呼びかければ、違った結果が待っていたと思う。

この不祥事は週刊ポストが糾弾し、厚生労働省が復興予算を食い物にしたと批判された。国民の税金は、一般の人びとが知らないところで、無駄な使われ方をしているのだ。

ブラック企業の所行を隠蔽する全ク連

ＮＰＯ法人を設立する二年ほど前の二〇一二年、消費者団体である主婦連合会（主婦連）の方とお会いする機会があった。消費者団体ということで、私はクリーニングの問題点をいくつか説明し、ぜひ消費者にも伝えて欲しいと提案した。主婦連はこれを受け入れてくれ、機関誌『主婦連だより』で扱ってくれた。内容は当ＮＰＯがいつも主張しているようなことだった。クリーニング業界では大手業者が発展しているが、行政が機能せず、悪質な商法が幅を利かせている。「健康クリーニング」、「マイナスイオンクリーニング」、「放射能除去クリーニング」といった意味不明なクリーニング、花粉症に効果があるという加工で追加料金を取ったり、シミ抜きで最初から追加料金を取る行為を指摘するものだった。いずれも既に何度か話題になったものばかりであり、消費者に注意をうながすことは有益であると思った。二〇一三年一月、この記事が載った『主婦連だより』が発行された。

ところが、これにクレームが入った。指摘された行為の当事者だと思いきや、文句を言ったのはなんカーの選択基準などの質問がありました。

環境・再生エネルギー問題の今後の展望として、私たちは今何ができるのか、身近なところからどう具体化していくか、今変えていかなければならない時期に来ていることを改めて考えさせられる機会となりました。

悪質なクリーニング業者 こんな手口にご用心!!

日本のクリーニング消費量は世界一でクリーニング店の数も世界一です。消費者センターに寄せられる苦情の数も多く、多くの人が利用する業態としては、苦情はいつも上位に位置しています。

全国の大型商業施設には必ずクリーニング店があり、その多くは大手業者です。クリーニング業界の発展の過程で、悪質な業者がいても管轄の厚生労働省が機能せず、野放しになっているのが現状のようです。結果、利益優先の悪質な業者がどんどん発展するという残念な構造になっているようです。

主婦連でも問題提起を行なったHFC365mfc（商品名：ソルカンドライ）の利用を厚生労働省が税制優遇、強力な温室効果ガスであり環境に負荷をかけるにもかかわらず「環境にやさしい」と宣伝していたのも大手業者でした。

クリーニング業者の数が多く、各業者は争うように拡大するため、価格競争がおこります。価格が安くなるのは消費者にとって嬉しい事ですが、手抜き、ゴマカシ、法律違反にもつながっています。

手抜き以外には、「健康クリーニング」、「マイナスイオンクリーニング」、「放射能汚染除去クリーニング」のような意味不明で優良誤認を招くようなサービスも登場しています。例えば、健康クリーニングは、洗剤や溶剤にバイオセラミカを用いることで繊維を活性化、遠赤外線を放つので、体の血液と細胞が活性化されると宣伝しています。ところが、その効果の証明になるデータや検査機関などは記載されていません。

花粉症に悩んでいる人は「花粉症に効果がある」と宣伝していれば、飛びつきたくなります。衣料品に花粉が付きにくくなる加工を行なうようですが、花粉症に効果があると説明されたら一寸問題です。

不当景品表示及び不当競争防止法（四条一項二号）の違反事例では、店頭に安い価格を表示、店内に入りクリーニングを頼むと、カウンターに別料金の表示があり、追加料金を取るなどがあります。既に行政指導を受けた悪質なクリーニング業者もいます。

「ここにシミがありますね」と、シミ抜き料金を受付時に追加されることがあります。シミ抜きの難易度を配慮せずに、洗う前から一律で同じ料金を請求することは問題で、消費者契約法に触れる恐れがあります。

クリーニング店、クリーニング業界のゴマカシや不正をなくすために、消費者が関心を持つ事が重要です。

主婦連の機関誌に掲載された記事。書かれたことはすべて事実（『主婦連だより』2012年12月15日（第760号）

と全ク連（全国クリーニング生活衛生同業組合連合会）の理事だという。主婦連の担当者からメールが来て、「誰があのような嘘を言ってきたのか」、「主婦連さんとは今までお付き合いしてきたのに残念ですね」などとの連絡があったと伝えてきた。全ク連は全国の小規模な業者の団体だが、主婦連の機関誌に書かれたようなことはいずれも大手業者の問題であり、全ク連がクレームを付けるというのは筋違いである。むしろ、傘下の組合員を守るため、大手業者の不正行為などを糾弾し、健全な業界の発展をうながすべきである。本来であれば、当NPO法人などとは全ク連は利害が一致し、適切なクリーニングが消費者に提供するよう、協力していく関係であるべきだと思う。ところが、「誰があのような嘘を言ってきたのか」……。これはいったいどういうわけだろうか？

実はこれには理由がある。これまで述べてきたように全ク連はほとんど市場シェアがない。業界にいろいろな問題があることを知られれば、自分たちの立場がなくなるからだ。

もし、全ク連が問題に取り組み、「業界からブラック企業を追放しよう」と活動したらどうなるだろうか？　指摘されたブラック企業は大変な打撃を受けるだろうが、実は全ク連もほとんどシェアがないという現実を世間に公表する結果になる。全ク連上層部は、「おまえ達は何十年も何をやっていたんだ」と責任を追及されるだろう。また、そもそもこの業界全体に労働基準法を遵守するという発想がなく、各業者もほとんど守れていない実態が明らかにされれば、一部のブラック企業だけでなく、ほとんどの業者が追及されるだろう。これは、二〇〇九年に起こった建築基準法問題と同様である。違反を派手にやらかしたロイヤル社が摘発されたら、実は業界全体の問題でした、とバレたのである。こうなると、もはや「ブラック企業」ではなく、「ブラック業種」である。

5　労働基準監督署は頼りになるのか？

職員が少なすぎる労働基準監督署

会社が残業代を出さないとき、労働問題で困っているとき、最初に思いつくところはどこだろうか？　ほとんどの人が、「労働基準監督署」と答えるだろう。

一般に労働問題が発生したとき、それを担当するのは労働基準監督署の仕事である。労働基準監督署

（労基）の権限は強く、他の役所と違い、アポ無しで事業所を訪ね、指導することもできるという。会社で何か問題があったとき、労働者は労基を訪ね、状況を説明し、しかるべき指導がされることになっている。

ところが、当ＮＰＯへの相談で聞く限り、労基を訪ねていった方々の多くから、全然動いてくれないとか、「あの会社はみんなそういうんですよねー」といわれるだけだったなど、あまり頼りにならないという。明確な証拠がなければ、なかなか調査がないようだ。いわれたとおり、さっぱり動かないのである。

これについては一つの理由がある。事業所数に対し、労基の職員数が少なすぎるというのである。日本の会社の総数を労基職員の数で割ると、数値は三〇〇〇だという。そうなると、一人の職員が三〇〇〇社を見なければならないという。一日一社だったら十年間かかる計算だ。これでは何もできないのは当然だろう。それにしても、なんでそんなに少ないのだろうか？

何十年も放置されるクリーニング会社

生同組合の支部会に出席したとき、ある会社の社長（そこは生同組合には珍しくそれなりの規模を持つ会社だった）が、「最近、労基に入られた」と話し出した。この会社は従業員が二五〜三〇名程度。それなりに堅実な運営が成されていると思っていた。

しかし、この会社社長の話を聞いて驚いた。会社を設立したのは今から三十年ほど前だが、この三十年間、一度も労基署が来なかったのだという。

これはおかしい。会社であれば、毎年三六協定を労基署に提出しなければならないはずだ。それをしなければ、従業員に残業をさせることはできないことになっている。三十年間労基署と会わずに済むなどということはできない。

すると、驚くべきことがわかった。この社長は労働基準法をほとんど知らなかったのである。労基の職員に三六協定のことを初めて聞いたのだという。何も知らないから、三六協定も提出していなかったのだ。「残業って一・二五倍払うんですね」といわれ、私は開いた口がふさがらなかった。

この人物は県の生活衛生同業組合で専務理事も務めていた人だ。「ユニットショップ」と呼ばれる営業方法で業界紙には何度か紹介され、全国から見学に来る同業者も多かったはずだ。クリーニングのことは詳しいが、それよりも、商売をする上で基本中の基本である「労働基準法」について全く理解していなかったのには驚いた。そんな人でも会社は運営できるのだ。

一通り話が終わった後、この人物は私に対し、「(労基署は)この街の業者の所は一通り廻ったから、次はあなたの所ですよ」としたり顔でいった。同じレベルだとでも思ったらしい。「はあ、そうですか」というしかなかった。

私はこれが、田舎で起こったことであり、業者もさほど大きな会社でもなく、かなりのレアケースではないかと思っていた。ところが、ちょっと後にそうではないことがわかった。

二〇一四年、当NPOに東京のクリーニング会社の店員だったという女性から連絡があった。未払い残業代取り戻しの相談だが、勤務していた会社は、従業員が何百人もいる、それなりに規模の大きい業者であるにもかかわらず、なんと社会保険も雇用保険も入っていないのだという。この会社も三十年以上操業しているはずだ。日本の首都で、よくもこんな会社が見逃されてきたものだ。

この女性は会社に証拠を見せて残業代を請求したが、会社側は弁護士を同席の上、この事実を漏らさないことを条件に支払いを約束したという。しかし、残業代が出ていないのは他の同僚も同じで、自分だけ抜け駆けできない……という時点で当方に相談があった。労働組合を紹介し、無事に残業代は払われたが、福島県の事例と併せ、かなりの企業が労基署から見逃されている実態がわかった。

日本のクリーニング業者は、一九六五年から七〇年当たりに大手業者のノウハウが販売され、それを買ってスタートした会社が多い。「創業五十年」という会社が多いのはそのためである。時流に乗っていきなり成長した会社が多いので、個人商店の感覚で何百人も雇っているような印象も感じる。それにしても、会社として労働法規も守らず、ただ金儲けに奔走するというのはなんともあさましい。

労働基準監督署は、見ていないところは本当に全く見ていない。露骨な見逃しがされているようだ。これは、クリーニング業に限った話ではない。

ブラック企業といえば必ず名前の出る渡邊美樹氏は、まだ「つぼ八」のフランチャイズだった二十六歳の頃、居酒屋運営に成功してかなりの利益を得た。彼は社長のステータスであるマイホームと高級外車を購入しようと思ったが、自分がここまでになったのはスタッフのおかげであると気づき、雇用保険と社会保険の加入を行った、という話が美談として伝えられているという。

完全に順番が逆である。雇用保険や社会保険は当たり前だろう。その前にマイホームと高級外車が思い浮かぶのは、さすがはブラック企業の代名詞だと思うが、ブラック企業の経営者はこのように社会の義務さえ後回しにしており、労働基準監督署は全く「監督」していないのである。

労基署は「ちゃんとした会社」にしか行かない

労働基準監督署は、不正な会社、いい加減な会社にはなぜ行かないのだろうか？

まず一つには、クリーニング会社は「生活衛生関係営業」に属する仕事であることが考えられる。この範疇の業者は生衛法により、会社組織はない、とされているのだ。もちろん、そんなことはないが、役人は自ら仕事を増やすことはしない。厚生労働省の方で「この仕事には従業員がいません」と決めつけている以上、わざわざ出かけてそれを否定する必要はない。仕事を増やして苦労し、他の省庁から恨みを買うのは避けたい。生衛業はブラック企業の蔓延を誘発するばかりで、つくづく生活衛生関係営業とは罪作りなくくりである。

次に、労基署職員の実績作りである。何人かの知り合いの会社経営者に聞いたが、一般の会社経営者は、三十年間労基署が一度も行かない会社があるというと、誰でも「まさか、そんなことはないだろう」と信じない。というのは、一般の会社には、労基署職員は三六協定提出の時期以外にもやってくるし、ひとたび労働者からの相談などがあれば、怖い存在にもなるからである。「オレ達のように真面目にやっている会社には頻繁に来るのに、いわんやブラック企業に行かないわけはないだろう」と。

おそらく労基署は真面目な普通の会社にばかり行く。ブラックな会社はほとんど訪れないのである。

この理由は、彼らの実績作りだろう。それなりにちゃんとした会社なら、指導をしたという書類にサインをしたり、彼らが行動したという証拠を作ることができる。真面目な会社は役所のいうとおりに書類を提出する。ところが、労基がブラックな会社を訪ねても、なかなかミスを認めなかったり、いろいろゴネて時間がかかり、非効率的である。それなら、ちゃんとした会社に行き、わずかなミスを見つけ、指導した実績を作った方が確実に実績を残せる。よく、「税務署は金の取れるところにしか行かない」というが、労基署も理屈はそれと同じである。

ブラック企業には面倒だからと全く指導せず、普通の会社のあら探しばかりしている……。これが、労基署の実態ではないか。真面目な会社（というより普通の、当たり前の会社）は、毎年三六協定を届けに行くから、彼らにも「付き合いやすい相手」とみなされ、実績作りの材料に利用される。こういう普通の会社の人たちに、「実は労基署が全く行かない会社が結構ある」というとビックリされるのだが、真面目なものが損をするという話の典型であると思う。これでは、ブラック企業がこの世に蔓延するはずである。

マスコミが騒がないと動かない

なんとか労働基準監督署に動いてもらう方法はないか。

そこで、マスコミである。行政はマスコミに書かれると、怠慢を指摘されるのを恐れ、直ちに動き出す。筆の力は大変説得力がある。

冒頭に述べたクリーニング業界の建築基準法問題に関しては、二〇〇九年に不正な業者の建築基準法違反が発覚し、朝日新聞がその実態を書いたとき、それまでは何十年間も見逃してきた各地域の建築指導課は、それまでがウソのように動き出し、日本の全クリーニング所を調査した。実は、何度も依頼し、三回も現地を調査したのに、「何も問題はない」と言われていたのである。ところが、天下の朝日新聞が書けば、行政は怠慢を指摘されるのがいやなので、急に動き出す。

ただ、マスコミが動けば行政は重い腰を上げるが、こと労働問題に関しては、「残業代を払わない企業は山ほどある」ということで話題性に乏しい。ブラック企業が多すぎるのだ。よほどの問題がない限り、マスコミが書いてくれることは珍しい。

比較的法規を守って通常の業務を行うところばかりを指導し、ブラック企業を放置するのが実態だとすれば、労働基準監督署もまた、「ブラック企業を応援するもの」の一員ということになるだろう。

6　族議員

潰されたイノベーション

一般社団法人日本テキスタイル協会という団体の理事長である住連木《しめのき》政司氏は、ずっと以前よりクリーニング業界の知識人として知られている。衣料品のトラブルがあり、アパレルともめたときなどに、この住連木氏は活躍する。数年前、この人がクリーニングとは似て非なる「ファッション・ケア」といった事業を提唱した。前述のように、現在の日本のクリーニング業界は昭和三十年代前半に当時の厚生省から環境衛生事業の一環として取り込まれており、衛生産業の一つとしての位置づけがあった。しかし、オリンピックや高度成長時代を経て日本の衛生は格段に向上し、現在では「衛生目的」で衣料品をクリーニング店に持ち込む顧客が大勢いるとは思えなくなった。それよりも、「ファッション」、「見栄え」でクリーニングは利用されているのが現実である。顧客の衣料品を「衛生、安全」のために預かるのではなく、「ファッション、品質保持」のために預かるというコンセプトが「ファッション・ケア」である。この住連木氏はファッション・ケアを立ち上げ、経済産業省もこの新事業を認可し、新しい産業が始まらんとしていた。

しかし、これに旧勢力の全ク連が横やりを入れた。シミ抜きなどの技術は法的に「クリーニング業法」に該当するのだから、新事業は違法だというのである。全ク連は「クリーニング政治連盟」なる組織を有効に利用し、クリーニング組合顧問を務める国会議員を通じてこの計画を進めていた経済産業省の役人に資料開示請求をさせ、全ク連顧問の国会議員を通じて経済産業省の担当官と直接協議する場を設け、この新規事業を潰してしまった。つまり、政治家を使って自分たちの既得権益を守ったのである。

行政は政治家には弱い。経済産業省の役人達も、結局議員に屈し、イノベーションはあっという間に立ち消えになってしまった。

このやりとりを、全ク連は機関誌『クリーニング・ニュース』で詳細に報告している。その中には、この計画を潰そうとして族議員と思われる政治家を利用し、「国会議員等のチャンネルを大いに活用し短期間で終息を計るに至りました」などと誇らしげに書かれている。

このような産業が発達すれば、多くの雇用を生み出し、業界も活性化されると思われるが、既存勢力はあくまで昭和三十年代のカビの生えたような法律を持ち出し、新興の勢力を認めず、自分たちの既得権益だけを守る。悪しき日本のあり方である。

前述の書籍、『天下りとは何か』にはこのように記されている。「国内サービス業の中には（中略）役所に規制や保護を訴えるところがあります。役所はそんな業界の要請に応えて経済的規制を作り、その見返りに業界団体や関連企業への天下りを求めます（実際、生活衛生関係営業の例では、いまだに厚労省から多くの役人が業界団体に天下っています）。そして、政治家は規制緩和の圧力から業界を保護しようと役所に働きかけ、その見返りに政治資金を得ます。政治家は政治資金を、官僚は天下り先を、業界は規制による経済的利益をそれぞれ得るわけです。だから政官業癒着と呼ばれます。非常に巧妙な仕組みです」。この一件に全く当てはまる文章だ。

ブラック企業を応援する安倍首相？

アベノミクスの日本再興戦略には産業競争力強化法という法律が盛り込まれ、産業競争力を強化することを目標にしている。日本経済のひずみの一つに「過剰規制」があり、それを是正していくことも目標の一つになっている。

アベノミクスという経済政策をすべて肯定的にとらえることには疑問もあるが、岩盤規制の撤廃に関しては、各産業を活性化させることに役立ち、経済再興には欠かせない動きである。生衛業に関しても、先進各国にこの様に規制の激しい国は見当たらない。それなら改善していくべきだと思うが、現実にはこの事例のように、イノベーションを起こす人々を、旧勢力が潰していくというのが実情だ。議員達も、クリーニング議連などでそれに協力している。

アベノミクスは経済政策を最優先にしているようだが、大企業優先で、その下請けに当たる中小企業は依然として苦しい状況にある。大企業の株価が上がっても、下請の中小企業各社を絞りに絞って上げた利益では、トータルで好転したとはいえないだろう。

特に気になるのは旧体質への回帰である。民主党政権時代には、まがりなりにも事業仕分けなどが行わ

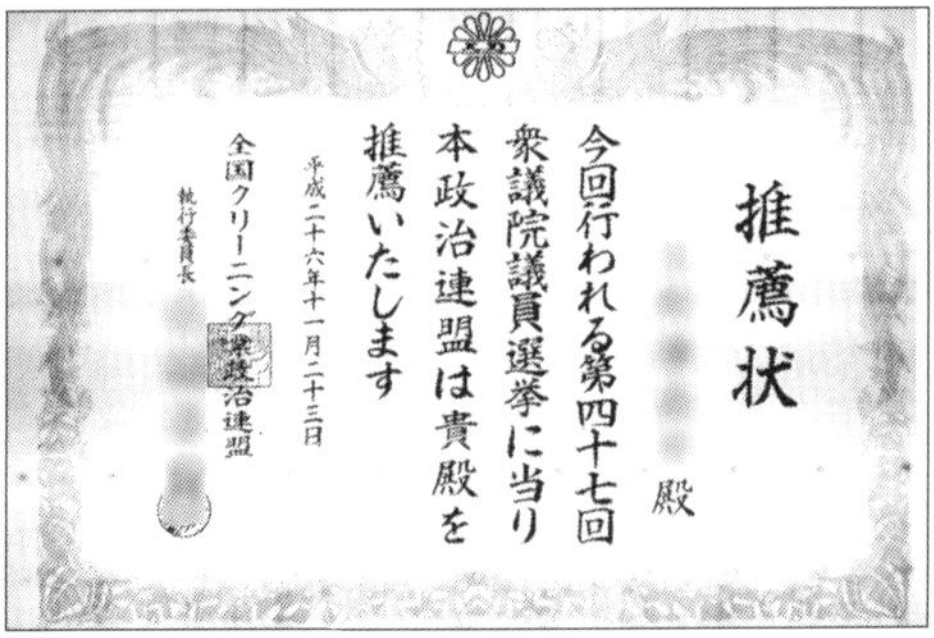
推薦状

殿

今回行われる第四十七回
衆議院議員選挙に当り
本政治連盟は貴殿を
推薦いたします

平成二十六年十一月二十三日
全国クリーニング業政治連盟
執行委員長

選挙が近づくと、推薦状が廻ってくる。

れ、改革をするポーズだけは取っていた。ところが、再び政権が自民党に戻ると、まるで昭和三十年代に逆戻りしたかのように、旧体質が息を吹き返し、天下りの天下となっている。自分の下にいる議員達が、いつまでも旧体質を支持していたのでは、改革など全く進まないだろう。結局、安倍政権がブラック企業を支援しているようなものだ

政治家達の誤解

安倍政権が岩盤規制の緩和などを掲げながら、傘下の議員達が政治連盟などの絡みで旧勢力を応援するという矛盾が起こるのは、結局政治家は票が欲しく、政治連盟の票をちらつかされれば、政治家もいうことを聞かざるを得ないからである。

ただ、政治家達も誤解している部分がある。それは、全ク連の政治連盟などたいした票田にはならないことだ。組合系業者は零細業者ばかり、従業員もいないので、全員集めても知れたもの。政治家が動く価値があるとは全く思えないし、メリットもない。その上高齢者ばかりでどんどん廃業し、組合員は激減を続けている。

おそらく、厚生労働省が唯一認可する団体なので、大きなシェアを持ち、業界全体を牛耳っているという誤解があるのではないか。実は全ク連もその点は対策を打っており、「クリーンライフ協会」なる団体

を作り、他の団体も入れて、周囲には「大同団結」などと吹聴している。しかし、現実には零細御者がトップにいる全ク連など相手にするはずもなく、大同団結などは絵に描いた餅という他はない。政治家も票にならないことをきちんと認識すべきだろう。

ともかくも、古い業界の体質を政治家がいつまでも指示していたのでは、ブラック企業は増える一方になるだろう。政治家諸氏には生活衛生関係営業の現実を正確に認識し、少なくともブラック企業を支援するような形にならないよう、よく考えていただきたい。

7　勲章がブラック企業を誕生させる

高齢者がブラック企業を誕生させる？

クリーニングの世界では、現在でも各四七都道府県の生同組合理事長など「業界の代表」は、一部を除いて従業員のほとんどいない零細業者ばかり。業界トップが労働基準法や業界の労働者の実態をほとんど知らないか、あるいは関心がないため、多くの人々が大変な苦労を強いられているのである。逆にいえば、業界トップが知識豊富で現実的な対応を行えば、業界問題は大半が解決するはずだ。

また、生衛業のように、もともと職人が存在した業種は年功序列の傾向が強く、高齢者が業界の長になることが多い。職人は体が動かなくなるまで仕事をやめず、七十、八十になっても店をたたむことはない。この様な事情から、各組合の理事長はかなり高齢の業者が多い。理事長よりも、長老という表現が似つかわしいくらいだ。

勲章に憧れる高齢者

しかし、自分たちが全くの零細業者であることは、本人達が何よりも知っているはずである。市場の大半を大手業者に奪われ、市場の中では少数派に過ぎない彼らが、それでも生同組合理事長を目指すのは明らかに不自然である。

なぜ彼らは「業界の長」にこだわるのだろうか？ なぜ、「業界の代表」でいたがるのだろうか？ 実はこれには事情がある。高齢化した彼らは、生涯における最後の夢を持っているのだ。日本には「春の叙勲」、「秋の叙勲」がある。叙勲とは、国家や公共事業に功労のあった人物を表彰し、勲章を与えることである。一部の例外を除き、ほぼ七十歳以上の人に与えられるという。

この名誉ある「叙勲」は、クリーニング業者も該当する。毎年春と秋の二回、必ずクリーニング業者が叙勲の対象となっている。この叙勲に、おおくの業者があこがれている。

若い頃から丁稚奉公で苦労した高齢の業者達にとって、叙勲は永遠の憧れであり、多くの業者がこれを目指しているという。そういっては失礼だが、彼らがその人生の中で人から表彰されたり、多くの人々から感謝されたりする場面が多くあるとは思えない。叙勲で与えられる勲章は、彼らには私たちよりもはるかに輝いて見えるようだ。

このクリーニング業者に顕著な習性を、行政や組合連合会上層部が見逃すはずはない。「おみやげ」と称して叙勲をちらつかせ、多くの業者を味方に付け、旧体制の維持を続ける道具にするのである。叙勲されると、全ク連の機関誌に写真付きでそれが報じられる。実はこの勲章こそ、業界を思うがままに操る魔法の杖なのである。

クリーニング業者は叙勲に値するのか？

それにしても、勲章を受ける業者達は組合で理事長や副理事長を経験したとはいえ、ほとんどが零細業者である。社会に貢献しているとは到底言い難い方々ばかりである。

また、日本の税制では年商一〇〇〇万以下の事業所は消費税の納税を免れる。零細業者の大半がその対象だが、もともとこれは「あまりにも収入が少なくて、かわいそうだから」、消費税は勘弁してやろうという国のお目こぼしである。しかし、そういう人たちが叙勲されているのだ。

組合の業者にとって、叙勲こそ最大の名誉（全ク連機関誌より）。

さらに、建築基準法問題の起こった二〇〇九年の翌年より二〇一五年までに叙勲したクリーニング業者二〇名を調べてみると、事業所の用途地域が工業地帯でない業者が大半である。石油系溶剤を使用していれば、建築基準法違反である。既得権がある業者もおり、必ずしも違反とはいえないが、これだけいれば違反している人は必ず存在するだろう。

そうなると、ほとんど社会貢献もなく、消費税もまともに払わず、違法操業をしている業者が叙勲していることになる。果たしてこの人たちが勲章をもらうに値するだろうか？

叙勲制度とは、そんなものなのだろうか？　老人たちがエゴむき出し

役職	勲章名	功労	用途地域
[redacted]県組合副理事長	旭日単光章	生活衛生功労	商業
[redacted]県組合理事長	旭日双光章	生活衛生功労	第一種中高層住居専用地域
[redacted]県組合理事長	旭日双光章	生活衛生功労	商業地域
[redacted]組合理事長	旭日双光章	生活衛生功労	第一種住居地域
前[redacted]県組合理事長	旭日双光章	生活衛生功労	商業地域
元[redacted]県組合理事長	旭日双光章	生活衛生功労	無指定
元[redacted]県組合理事長	旭日双光章	生活衛生功労	第一種住居地域
元[redacted]組合理事長	旭日双光章	生活衛生功労	第一種中高層住居専用地域
前[redacted]副会長	旭日双光章	生活衛生功労	商業地域
[redacted]県組合理事長	旭日双光章	生活衛生功労	第一種住居地域
前[redacted]理事	旭日双光章	生活衛生功労	第一種住居地域
[redacted]県組合副理事長	旭日単光章	生活衛生功労	第二種住居地域
[redacted]副会長	旭日双光章	生活衛生功労	第一種住居地域
[redacted]県組合理事長	旭日双光章	生活衛生功労	第一種住居地域
[redacted]県組合理事長	旭日双光章	生活衛生功労	第二種住居地域
[redacted]県組合理事長	旭日双光章	生活衛生功労	準工業地帯
[redacted]県組合理事長	旭日双光章	生活衛生功労	近隣商業地域
[redacted]県組合理事長	旭日双光章	生活衛生功労	第一種住居地域
[redacted]県組合理事長	旭日双光章	生活衛生功労	第一種中高層住居専用地域
[redacted]県組合理事長	旭日双光章	生活衛生功労	準工業地帯

2012～15年までに叙勲した人たちの用途地域。これを見る限り、建築基準法違反の業者が多い。

で芥川龍之介の「蜘蛛の糸」のごとく勲章に群がっている間に、ブラック企業は着々と発展しているのである。

叙勲の廃止を

もっとも、高齢のクリーニング業者達は、勲章という絶対的価値を目の前にぶら下げられ、それを目指しているに過ぎない。彼らが悪いとはいい切れない。

この問題に関しては、真にあくどいのは叙勲制度を利用する業界上層部や、厚生労働省などの行政である。クリーニング業者の習性を利用し、勲章を利用して彼らを意のままに動かし、利権や天下り先をいつまでも維持していくことになる。勲章を私欲に利用しているのだ。

近年、天皇陛下が大変お疲れになっていると話題になっている。かつてなかった「生前退位」も決定されている。春、秋の叙勲では、一〇〇〇人を超える人びとが対象となっている。その一人一人に天皇は声をかけ、祝福するのだという。これは大変なことだ。こんな苦労をされているのでは、お疲れになるのはごもっともである。

叙勲される人びとはたいてい高齢なので、彼らの中では叙勲とともに、天皇陛下にお会いできるという名誉は大きい。『クリーニング・ニュース』に載る叙勲発表の記事には、必ず「天皇陛下に謁見」の文字が出る。それだけ多くの人々にとって、天皇陛下からお声をかけられるのは誇らしい出来事なのだ。人生のハイライトと考える人もいるだろう。

しかし、お疲れの天皇陛下が大勢の叙勲者とお会いするのはあまりに重労働である。また、天皇陛下に対し、そんな御負担を強いている裏で、業界上層部や行政が利益を得ているのはあまりにも理不尽である。天皇陛下を利用して私腹を肥やしているともいえるだろう。

本当に社会に貢献した人を表彰するのなら、叙勲は価値のある行為だ。しかし、現実には高齢者達を利用する巧妙な道具でしかない。以前から、多くの知識人は叙勲を辞退した歴史もある。天皇のご過労も十分に熟慮し、一度叙勲制度を見直し、意味のない叙勲は廃止するべきではないか。少なくともクリーニング業界では役に立っているとは思えない。

8　ブラック企業が外国人を奴隷にする

日本には「外国人技能実習制度」なる制度がある。低価格のクリーニング会社はほとんどがこの外国人技能実習生を受け入れているといえる。特に首都圏のクリーニング工場は、外国人を見かけないことが難しいくらいだ。それほど依存率が高いのだが、この外国人達も、ブラック企業の犠牲になっている。近年のブラック企業を語る上で欠かすことができない重要な話題である。

人手不足が外国人を呼ぶ

「ブラック企業」と呼ばれる各社は、悪い評判が立つと求人をしてもなかなか人が集まらず、結果、人手不足に陥る。特に生衛業種は一般の人が休日となる土曜、日曜が稼ぎ時となり、余計に求人には苦労する。このためいつも人手不足に悩まされている。

ましてクリーニングばかりか飲食店のチェーン店などは各業者によって延々と低価格競争が繰り広げられている。仕事はどんどん過酷になり賃金はさっぱり上がらないので、従業員を集めるどころかどんどん辞めていく有り様だ。

そこで外国人技能実習制度を利用し、外国人を呼んで働かせている。この制度では一年から三年程度しか滞在できないが、賃金の低い国から日本へ出稼ぎにやってくる外国人が多い。

クリーニング業では外国人技能実習生は一年しか滞在できないため、いつも入れ替わりに外国人がやってくる。彼女ら（たいていは女性が多い）の仕事はもっぱらワイシャツプレス。ワイシャツは年間を通じて一定量が集まり、素人でも操作できるプレス機が開発されているからだ。外国人は当初、中国人が圧倒的に多かったが、中国の通貨、元の価値が上がり、日本に来るメリットが少なくなったため、フィリピンやベトナムにシフトしている。

おかしな技能実習制度

しかし、外国人技能実習制度とは、管轄する公益財団法人国際研修協力機構（ＪＩＴＣＯ）によれば次のような制度である（現在は厚労省に移管）。

開発途上国等には、経済発展・産業振興の担い手となる人材の育成を行うために、先進国の進んだ技能・技術・知識（以下「技能等」という。）を修得させようとするニーズがあります。我が国では、このニーズに応えるため、諸外国の青壮年労働者を一定期間産業界に受け入れて、産業上の技能等を修得してもらう「外国人技能実習制度」という仕組みがあります。この制度は、技能実習生へ技能等の移転を図り、その国の経済発展を担う人材育成を目的としたもので、我が国の国際協力・国際貢献の重要な一翼を担っています。

ここには「労働」とか「出稼ぎ」などという言葉が一切書かれていない。日本の優れた先進国技術を開発途上国の希望者にボランティアで習得させるという試みであるというのだ。現実の外国人実習生は、紛れもなく働いており、賃金を受け取っている。仕事も長期間は滞在できないことから単純労働が多く、とても「技術習得」などとはいえない。

結局、この制度は外国人を安い賃金で働かせ、経費を節減するものでしかない。本音と建て前があまりにも乖離した、異常な制度である。悪質なブラック企業がボランティアなどするわけがない。単に安価な労働力を求めているだけなのだ。

なぜこの様な矛盾した制度があるのだろうか？　それは、日本政府が外国人を移民として受け入れたくないからである。しかし、高齢化が進む日本では労働人口が足りず、外国人の手を借りるしかない。そこで、こんな二枚舌の制度を利用し、永住できない状態で外国人の労働力だけを受け入れているのだ。あまりに虫がいい話である。二〇二〇年の東京オリンピックへ向け、土木作業などの労働力が足りなくなることを受け、この制度は拡大する見通しだ。

虐待される外国人

この外国人技能実習制度は内外から「現代の野麦峠」、「人身売買」、「奴隷制度」などと批判が多い。外国人は一つの職場でしか仕事をすることができず、転職や副職は許されない。住居は受け入れ先の会社が決めるが、これが環境の悪い部屋だったり、工場の一部を改装したものだったりする上、受け入れ先から家賃を引かれるのがほとんどだ。

業務も厳しく、長時間働かされる上に残業代も出なかったりする。時給は三〇〇円などということもある。逃げ場のない外国人を徹底的に利用するのである。日本人が寄りつかなくなって、外国人に頼っているような企業も多いので、そうなってしまうのだ。

外国人は自国の送り出し機関に保証金名目で大金を預けて来ている場合が多い。途中で帰国したり、失踪したりすると、保証金は没収となる。あまりにも技能実習生に不利な制度である。これでは、「奴隷制度」などと言われても仕方がない。

クリーニングでは、こういう立場の弱い人たちを積極的に受け入れることが多い。差別なくきちんと扱う業者もたくさんいるが、日本人すらまともに扱わないブラック企業が外国人を丁寧に扱うわけがない。現在でも各地で様々な問題が起こっている。

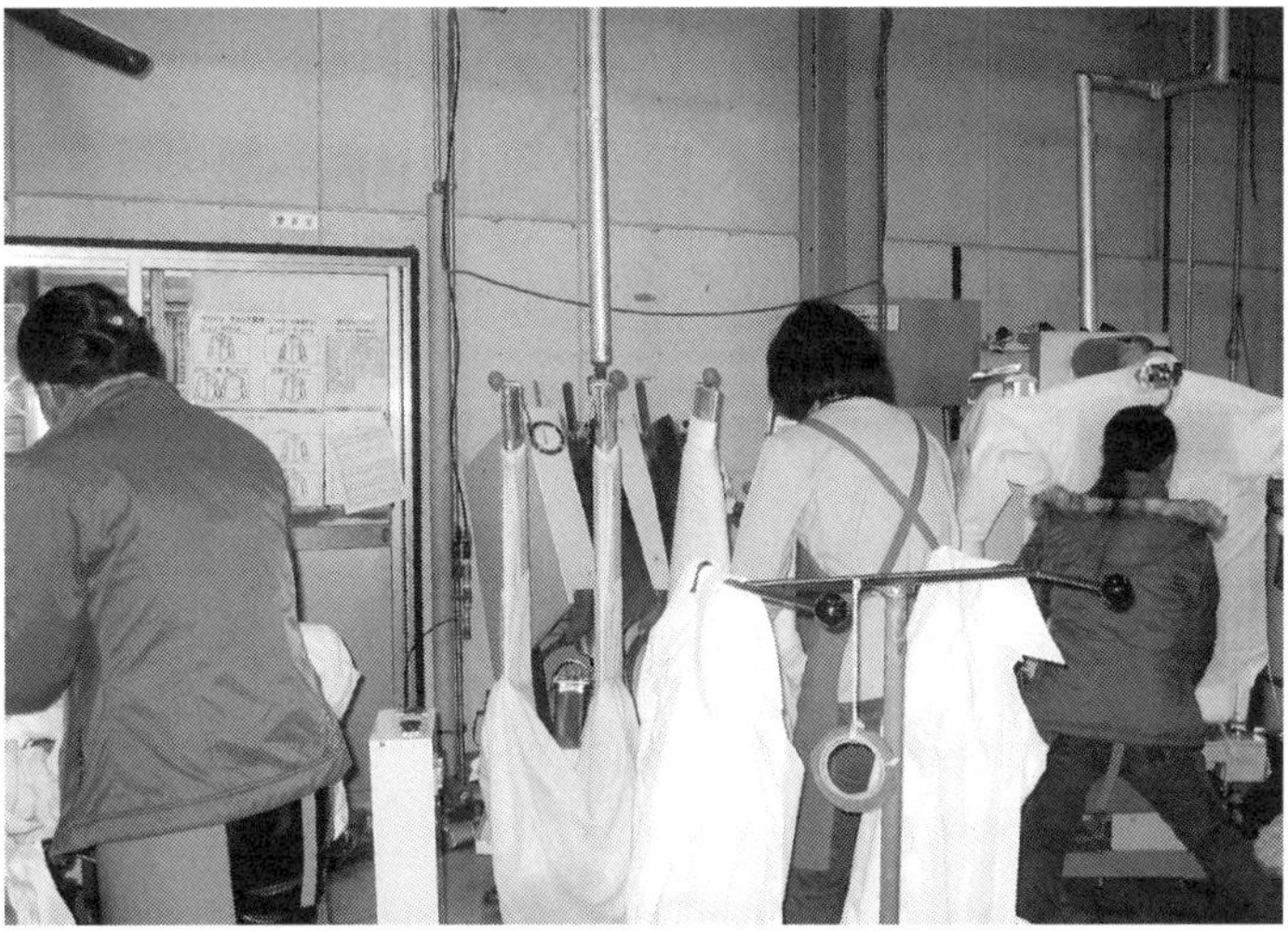

クリーニング工場で働く外国人技能実習生。たいていワイシャツをやらされる。

郡山市のクリーニング工場で働くフィリピン人の技能実習生達は、仕事が遅いと工場責任者にとがめられ、二時間に渡って怒鳴られまくったという。責任者は「国へ帰れ」、「バカ」とののしり、彼女らは「日本語を覚えろ」と強要されている。工場では残業が続き、午前三時まで働いたこともあるという。すべての人員に生産性の成績が告知され、成績が悪いと上司から怒鳴られるのだという。

クリーニング会社の外国人はたいていその地域の最低賃金で働かされる。日本人より賃金が安いため、朝は七時頃に出勤して掃除、日本人を帰らせた後、最後の掃除も彼女らが行う。低賃金なので雑用をさせられる。差別的で屈辱的な勤務ともいえる。彼女らの一人は手首に生々しい火傷の跡もあった。クリーニング工場は配管がむき出しになっていると火傷の恐れがある。労働環境も良くないようだ。このとき、彼女らは賃貸アパートに住んでいたが、現在では工場の二階を改装して住居とされている。

午前三時まで働いた翌日、七時には出勤する日もあり、まるで女工哀史のような、信じがたい話ばかりだった。しかしこれが、安売りクリーニング工場で働く外国人の現実である。

外国人の解放を

米国やヨーロッパ各国では移民問題が起こっている。外国人をあまり受け入れると、自国の雇用が奪われ、トラブルが起きやすいというのだが、それでも各国は外国人を受け入れてきた歴史がある。祖国を失い行き場のない難民達を人道上の立場から救ったのである。先進諸国の中で、現在は日本だけが「技能実習生制度」というわけのわからないやり方を行っている。これは「働いたら、後は帰ってね」というあまりにも虫のいい制度であり、名前と現実が全く合わない、おかしな決まりである。

二〇一五年、私はNPO法人外国人技能実習生権利ネットワークの方々に連れられ、参議院議員会館で説明を聞いたが、驚いたことに、役人達はこれだけ問題の起こっているこの制度を、「順調に推移している」と語った。いったいどこの誰が、「日本の優れた技術を学んで帰った」というのか。役人の事なかれ主義には本当に呆れた。

今や、ブラック企業はパートタイマーの主婦や、外国人をも犠牲にして成り立っているのだ。外国人は一定期間逃げられない。職業選択の自由がない。それがブラック企業にとって最大の魅力である。逃げられないから好き勝手にこき使うのだ。

諸外国からも批判の多い外国人技能実習制度に加え、外国には存在しないブラック企業が今後も外国人をたくさん受け入れたら、人権はどうなるのだろうか？　ブラック企業は、日本の恥。ブラック企業がこの外国人技能実習制度を利用できないようにしなければならない。日本は他の国よりも外国との連携が必要な国である。外国人にブラック企業の被害が及ばないよう、強く望みたい。

9　ブラック企業の子分、スネ夫業者

漫画「ドラえもん」の登場人物に「スネ夫」がいる。いつもジャイアンのご機嫌ばかりうかがっている。クリーニング業界にはこんなタイプの人が多い。というか、クリーニング業者はあらかたスネ夫ばかりである。スネ夫こそクリーニング業者の本質ではないかと思えるくらいだ。

気弱なクリーニング業者

当NPOを始めるに当たり、ともに活動する同志を募ったが、最初はメンバーが集まらず苦労した。いろいろな理由を付けて逃げる業者が多かったが、真実の理由は、大手ブラック企業や利権の固まりである全ク連を、悪い奴と知っていても、まともにぶつかりたくないため。

建築基準法問題が起こったとき、行政に虚偽申請して違法な工場を稼働するロイヤルネットワークの手法が初めて発覚したが、これに続き、上場企業である「きょくとう」も同様な問題で摘発された。「きょくとう」の牧原社長はマスコミの取材に応じたが、そのとき、「業界の八割は違反しているじゃないか」と話した。

この話のとおり、現実に多くの業者が建築基準法に違反していた。零細業者は法律そのものを知らなかった人が多いが（だからといって許されるわけではないが）、工場をいくつも稼働する大手業者がこんな法律を知らないわけがない。各業者は違法と知りつつ、不正行為に手を染めていたのである。このように、多くの業者はたとえそれが違法行為であっても、みんながやっていればそれに従う。常に多数派に付いていくのである。

私は建築基準法問題に始まるクリーニング業界の不正を暴いてきたが、こういった行動をすると、必ず止めにかかる人がいる。「やめておいた方がいいよ」、「名誉毀損で訴えられるかも知れない」、「相手は大手だ」、とにかく弱気だ。卑劣な悪行を重ねる相手よりも、むしろこの気弱な集団の方に腹が立つことがある。

スネ夫化現象の原因

クリーニング業者がこの様なスネ夫化傾向になるのはなぜだろうか。これにはいくつかの原因があると思われる。

まず、多くのクリーニング業者が、安直にノウハウを購入して業界入りしたことが挙げられる。昭和四十年前後、クリーニング業者が突然増えたが、これは当時、クリーニングが割に簡単に儲かる仕事と考えられ、ノウハウを買って業界入りする人が多かったから。スタートの時点でノウハウを購入して開業した業者達は、その後もたびたびノウハウを買い、自分で考えることをしない。常に他人に依存しているため、自分に自信が持てず、いつも不安感に支配されているのだろう。

当業界にクレームが多いのも、各業者に自信を失わせている原因だと思う。クリーニングはクレーム産業とも呼ばれ、昔から顧客の苦情に悩まされている。前述のようにそれらは必ずしもクリーニング業者の責任によるものばかりではなく、いわれのない理由によって客に頭を下げさせられる。そんなことばかりあり、各業者が卑屈になっているのかも知れない。

スネ夫らしさが一番発揮されるのは、スーパーが相手のときである。

約二十年前頃から「ファストフード時代」が始まり、クリーニング業者はスーパーなど大型小売店にテナント出店するようになった。スーパーができると何社ものクリーニング業者が出店を希望するので、主導権は完全にスーパー側に握られた。

そうなると、クリーニング業者は何でもスーパーのいうことに従うようになった。営業時間を長くしろ、元旦も営業しろ、価格は安くしろ……スーパーはクリーニングをサービスの一環として考え、客寄せの手段とすることが多く、厳しい条件を要求される。

スーパー側の要求をすべてのんだクリーニング業者らは、その代償を立場の弱い従業員や顧客に払わせる。一つにはトッピング商法に始まる追加料金で消費者から奪い、従業員達にひどいサービス残業や過酷労働に追いつめる。強いものにはこびへつらい、弱いものを虐げるという最悪のパターンだ。これが通例となっている。

厄介な存在

クリーニング業者らのスネ夫化現象は、このようにいろいろな理由があり、増殖したのだと思うが、当NPOにとっては厄介な問題である。

クリーニング業界を見渡しても、本当にあくどい業者はそんなにたくさんいるものではない。しかし、それと同じことをするスネ夫業者が多いと、不正行為が多数派になってしまう。市場の二、三％が悪質な業者だとして、二〇％が零細業者、七、八％が正当な業者だとすると、残りの約七〇％がスネ夫が占めている。冒頭に記した建築基準法違反問題でも、行政に虚偽申請するなど悪質な行為だと思っていたが、気が付いたらみんなやっていて、違法業者が多数派になっていた。最初からシミ抜き料金を取るなどセコい商法も、次々マネする業者が現れ、まるで業界標準のようになってしまった。スネ夫達は強い側に付くので、自然とそうなるのである。

これは当業界だけの問題ではないのかも知れないが、当ＮＰＯにとって、数の論理により、悪質業者やブラック企業以上の難敵になっている。全く腹立たしい限りである。

第6章

クリーニング業界改善の処方箋

1　不正競争時代を超えることができるか

日本のクリーニング史は、おおむね三つの時代に分類されることができる。

最初は職人の時代だった。明治維新により西洋文明を受け入れた日本にドライクリーニング技術が持ち込まれ、それが徒弟制度の中で全国に伝播した。職人達は和気藹々と商売を続け、後進も育てた。昭和三十二年には生衛法が施行され、生同組合ができると、各業者がまとまって業界は非常に安定していた。こんな時代は一九一〇年頃から一九七〇年くらいまで続いていた。

次に、大手業者の時代が訪れる。大量生産の可能な優れた洗濯機、仕上げ機が開発され、大量生産に見合った大量の品を集める取次店システムなどのノウハウが伝わり、クリーニング業界を志す人々が増えた。大手業者はかつての職人達から次々と顧客を奪っていった。

この時代が一九九〇年頃まで続いた。

バブルが崩壊し、それまで鰻登りだったクリーニング需要も下降するようになると、各業者の運営も苦しくなってきた。各業者は限られた市場を奪い合い、価格競争が続いた。その上「ファーストフード時代」が訪れ、大型商業施設のテナントに入店するようになると、各業者はスーパーなどの制約を受けるようになって、黒字を出すことが難しくなり、各業者がおかしな追加料金や労働法違反、出店に伴う建築基準法違反など不正行為が頻出した。いわば不正競争の時代が始まり、それが今も継続している。この様に、職人時代、大手業者の時代を経て、現在は「不正競争の時代」といえる。

にもかかわらず、生衛法は現在も変わらず運営されている。大手業者の時代に法規そのものが形骸化したにもかかわらず、である。「クリーニング業は従業員のいない商売。だから労働問題は発生しない」の「昭和三十二年史観」が現在でも継続されている。それは何度も説明したとおり、天下り先を維持したい行政、勲章が欲しい零細業者など、各自のエゴがむき出しになっているからだ。

このままでは、ブラック企業ばかりが跋扈し、正しいクリーニング業は壊滅してしまうかも知れない。この章では、不正競争時代をどのようにして覆すか、悪い方向に向かう各業者をどのようにして食い止めるか、そういった方法について説明していきたい。これは決して机上の空論ではない。

2　クリーニング各社で組合活動公然化

ロイヤル社で組合公然化

二〇一六年七月五日、茨城県でロイヤル社に勤務する女性店員、Oさんが立ち上がり、会社側に組合公然化を宣言した。彼女は水戸市で行われていたブロック会議の席を労働評議会メンバーとともに訪れ、組合公然化の宣言文を会社幹部に手渡した。

「公然化」とは、私は労働組合員と会社側に宣言し、活動を行うことを指す。これまで組合入りした従業員は何人もいたが、会社に知られることなく組合に入っていた。公然化すれば、今後は会社側に団体交渉で要望、要求をすることも可能になる。これはこの会社のみならず、クリーニング業界にとっても大きな一歩であると感じた。

このOさんは、夜中まで働かされたりするなど、労働基準法を根底から無視した会社のやり方に強い憤りを感じ、組合公然化に立ち上がった。会社に不満を持ちながら泣き寝入りしてしまう人が多い中、勇気を持って行動したOさんは大変立派な方だ。

これまで何度か団体交渉が行われているが、第2章で示したとおり、同社の場合には法律違反と思われる問題が多くあるので、団体交渉のなかでもそれらが議題となる。今後、会社側も今まで行われてきたような、おかしな手法はやりにくくなっていくだろう。

Oさんの団体交渉の中で注目すべきは、ロイヤル社の査定評価である。ロイヤル社は独自の方法を用い、従業員を七段階で評定するという。SS、S、A、B、C、D、Eの七段階だが、団交でほぼ全員がC、D、Eで評価されていたことがわかった。つまり、従業員はみんな下から三つの評価、ほとんどの従業員が「成績が悪い」、という評定をされていたのである。五段階評定の学校で例えれば、クラスのほぼ全員を一か二だけで評価していることになる。

これは呆れた。いったい誰が考えたのだろうか？　七段階なら真ん中はBで、それを中心に考えるべきだ。全体の評価を低くして、昇給や賞与を抑えようとしたのか？　ここだけなのか、全社でそうなのかはわからないが、このことを第2章のHさんに連絡したら、「長年の謎が解けました」と返事があった。

有限会社グローバルの場合

ロイヤル社組合公然化と同じ頃、当NPOに千葉県のクリーニング会社に勤務する男性からメールで連絡があった。工場長だということの方は、会社のことについて、相談に乗って欲しいという。何度かのメールの後、柏市で会うことになった。

当日はこの方と、同じ会社の他工場の工場長がやってきた。居酒屋で話を聞くと、この会社は有限会社グローバルという名で、低価格が売り物の店だという。

話を聞いてみると、彼らが勤務する工場には八～一〇名程度の社員、二十数名のパートがおり、パートだけにタイムレコーダーがあり、社員は出勤簿しかないという。低価格が売り物の会社なので、八九円前後の低価格ワイシャツでサラリーマンを中心とした客を集めているため、週末に客が集中し、土曜日のワイシャツ入荷はウィークデーのなんと四倍にもなってしまう。そのため土、日はいつも残業となるが、残業分の賃金が支払われないのだという。

この会社は、十五年ほど前、「ワイシャツ九〇円、ドライ品二五〇円均一」の低料金を打ち出し、大成功を収めたよく知られた会社だった。この会社からノウハウを購入した同業者もたくさんいた。大成功の原動力が、残業代の未払いとは呆れた。

さらにこの工場長が勤務する工場は、何かの建物を居抜きで使用しているため、ガラス張りになって太陽光線が直接入ってくる。その上、近隣住民からの苦情で窓を開けられないため、夏場は五〇度を超える作業環境となり、熱中症で倒れる従業員が出てくる。おおよそ現代の日本では考えられないような労働環境である。

この工場長は、自分は幹部なので待遇にも満足しているが、部下の社員達があまりにもかわいそうで見ておられず、上層部にも改善を希望したがそれも受け入れられず、最後の手段として当ＮＰＯに連絡してきたのだった。工場長はまもなく退職するが、部下のことを考え、今後は改善して欲しいという。

だいたいの話を聞いて内容を把握した後、私は労働評議会に連絡し、工場長から紹介された社員が中心となり、ここでも組合が公然化した。

これまで見てきた限り、いわゆるブラック企業と呼ばれる会社では、会社側に改善の姿勢が全く見られない。外から指摘する以外に方法がない。そう考えれば、組合結成は問題解決の最善の策である。

この他、東京の会社でも組合が結成され、今後この様な動きが加速化されるものと思われる。

生衛業種に労働組合を結成

終戦後、それまでの反省から各企業に労働組合が数多く誕生した。しかし、それらは製造業が中心であり、生衛業やサービス業にはなかなか組合ができなかった。昭和二十年代、三十年代には生衛業種はみな小規模な家族経営であり、その必要もなかったのである。

しかし、現在は生衛業でも従業員が何百人、何千人という大きな会社が当たり前のように登場している。そのような会社に労働法規が必要でないはずがない。クリーニング会社に労働組合が登場したのは、むしろ遅すぎるくらいである。こういった動きが、今後加速していくのではないかと思われる。

生衛業にはこれまでほとんど組合結成がなかったのは生衛業独特の理由がある。クリーニングや飲食業などは、会社が大きくとも事業所がたくさんあり、一カ所に従業員が集中する機会が非常に少ない。みんなバラバラで、話す機会もない。さらには年中無休に近い店が多く、営業時間も長いので各員が交代制である。製造業のように朝に大勢が一斉に集まって朝礼を行い、休みは一斉に取ることができない。こういう職場環境のため、従業員どうしのコミュニケーションが取れず、情報が伝達しにくいのである。

一方、国の政策も、月曜から金曜まで働く人を中心に考えているようで、サービス業従事者をまるで労働者とみなしていないような施策がこれまで繰り返されてきた。祭日をずらして三連休にしたり、ゴールデンウィークに加えてシルバーウィークを作ったりもしたが、そんなのはサービス業の人々にはなんの関係もない。政府は世の中の人がみんな土曜と日曜は休んでいるかのような施策ばかり打ち出す。

しかしながら、近年はＳＮＳなどの発達により、従業員間の連絡が取りやすくなっている。こういった最新機器を利用し、連絡を取り合って行くことにより、労働者間の連携を高めていくことが必要だろう。

新しい時代の到来

ブラック企業のあくどいやり方に手をこまぬいていた私は、「この手があったか！」と感じた。

昭和四十年代、クリーニング業者が猛烈に増えた時代には、多くの業者が運営ノウハウを購入することによってこの業界に参入した。現在でもノウハウを購入しながら会社を運営している人が多い。しかし、「対労働組合」マニュアルは存在しない。彼らにとって初めての経験である。何かの会合で、労働組合について語り出すと、震え上がる人がいた。人は誰でも未経験のもの、実態を知らないものには恐怖を感じる。クリーニング業者にとって、労働組合とはいまだに恐怖の対象のようだ。

しかしながら、世の中のどこにでもあるものが、この業界にだけないということはあり得ない。労働組合の登場は当然であり、非常に自然な流れである。ましてや、月間残業時間が一五〇時間などという超ブラック企業が「業界の勝者」などと言われているすさんだ世界では、やってくるのが当たり前ではないか。二〇〇〇人以上もの従業員を抱え、労働組合がない方がむしろ異常な状況だ。

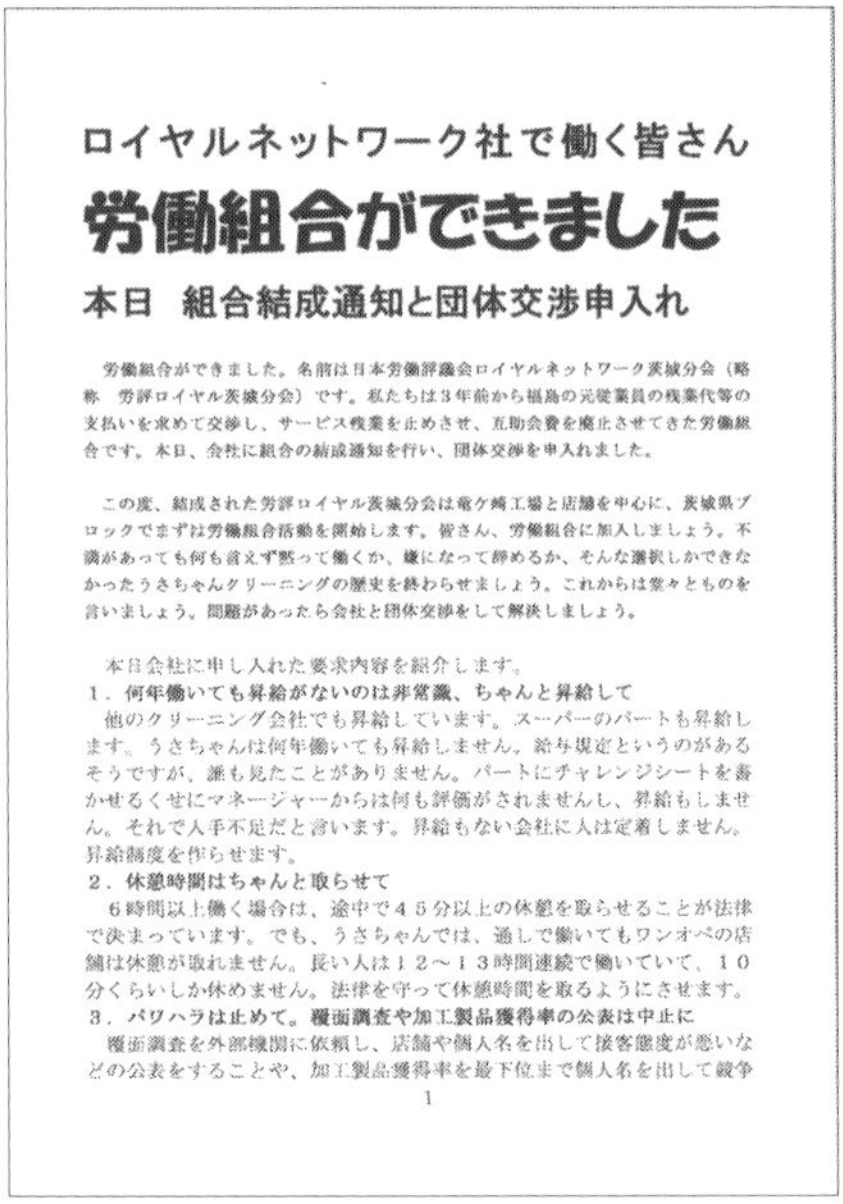

ロイヤルネットワーク社で働く皆さん

労働組合ができました

本日　組合結成通知と団体交渉申入れ

労働組合ができました。名前は日本労働評議会ロイヤルネットワーク茨城分会（略称　労評ロイヤル茨城分会）です。私たちは３年前から福島の元従業員の残業代等の支払いを求めて交渉し、サービス残業を止めさせ、互助会費を廃止させてきた労働組合です。本日、会社に組合の結成通知を行い、団体交渉を申入れました。

この度、結成された労評ロイヤル茨城分会は竜ケ崎工場と店舗を中心に、茨城県ブロックでまずは労働組合活動を開始します。皆さん、労働組合に加入しましょう。不満があっても何も言えず黙って働くか、嫌になって辞めるか、そんな選択しかできなかったうさちゃんクリーニングの歴史を終わらせましょう。これからは堂々とものを言いましょう。問題があったら会社と団体交渉をして解決しましょう。

本日会社に申し入れた要求内容を紹介します。

１．何年働いても昇給がないのは非常識、ちゃんと昇給して

他のクリーニング会社でも昇給しています。スーパーのパートも昇給します。うさちゃんは何年働いても昇給しません。給与規定というのがあるそうですが、誰も見たことがありません。パートにチャレンジシートを書かせるくせにマネージャーからは何も評価がされませんし、昇給もしません。それで人手不足だと言います。昇給もない会社に人は定着しません。昇給制度を作らせます。

２．休憩時間はちゃんと取らせて

６時間以上働く場合は、途中で４５分以上の休憩を取らせることが法律で決まっています。でも、うさちゃんでは、通しで働いてもワンオペの店舗は休憩が取れません。長い人は１２～１３時間連続で働いていて、１０分くらいしか休めません。法律を守って休憩時間を取るようにさせます。

３．パワハラは止めて。覆面調査や加工製品獲得率の公表は中止に

覆面調査を外部機関に依頼し、店舗や個人名を出して接客態度が悪いなどの公表をすることや、加工製品獲得率を最下位まで個人名を出して競争

1

ロイヤルネットワーク社の組合結成のビラ（2016年）

生衛業の歴史をひもとけば、生衛業種一六種の中でクリーニングがいち早く職人の世界から抜け出し、企業化した会社が登場している。回転寿司や全国チェーンの飲食店がまだなかった時代、クリーニングは既に会社として成立していた。それゆえ旧勢力の反発も強かったが、発展を続けた最後、完成系としてブラック企業が跋扈したのは困ったものである。しかしながら、ブラック企業に対抗すべく、労働組合も活発に活動していることも事実。順調にクリーニングで働く労働者の力になっていけば、他の生衛業種の模範となれるかも知れない。この動きが他の生衛業にも波及していけば大変理想的だ。

クリーニング業界では現在でも古い生衛業種にしがみつく全ク連などの勢力と、労働者を顧みないブラック企業が発展を遂げている。その二者の対抗勢力として、クリーニングで働く労働者が団結し、三つ目の勢力となれば業界はよりよい方向に発展するだろう。労働者は業界の第三の勢力になるべきである、第三とはいえ、その数では圧倒的に優位である。いずれは業界を動かす力となっていくだろう。

3　労働組合結成の副産物

労働組合は一義的には労働者の条件、待遇を改善させるのが狙いだが、クリーニングの場合、それ以外の効能もある。労働問題と同時に、消費者問題も改善できるのである。

団交での消費者問題質問

ロイヤルネットワーク組合員のOさんは組合活動を開始したが、同時に、自社の業務などにも疑問を持ち始めていた。これまでは会社から与えられる情報だけが「クリーニングのやり方」だったが、組合に入ると、当NPOからも情報が入る様になり、同社で行われている手法が果たして本当に望ましいのか疑いを持ち、当会に確認するようになったのだ。独裁国家で与えられた情報しか知らない人が、他国に亡命してカルチャーショックを受けた感覚だと思う。

二〇一六年九月、ロイヤルネットワークと労働評議会の団交では、以下のようなやりとりがあった。

①「最初からシミ抜き料金を取る問題」に関しては、ロイヤル社側は「そのようなことはしていない」と行為を否定した。ところが、各地の情報提供者からは「間違いなくシミ抜き料金を取っている。たくさん取った店員を表彰している」と報告があり、ロイヤル社側の説明は事実ではない。

②「デラックス加工は、通常の作業員がちょっと丁寧にやっているだけで、後は包装を換えているだけ

ではないか」という質問には、同社のデラックス加工のマニュアルを記載し、今後マニュアル徹底に努めます、と全く回答になっていなかった。

③「一度に三つの加工を同時におこなう行為」に関しては、いくつかの加工の方法を述べるだけで、おおよそ回答といえるものはなかった。

④「石油系溶剤専用の洗剤しか存在しない汗抜きクリーニングを、ソルカンドライを使用する工場でも行っている。これはどういうわけか」という質問に対し、「洗剤メーカーより、洗浄時間・ソープ投入量を変更する事で、パワーアクア加工の効果を確認できたとの報告をいただいております」と回答した。しかし、現実に効果があったというデータもなく、事実は解明できていない。

⑤「ミンク加工という加工をすると、加工証に『キトサン配合』と書かれているが、アレルギーの不安はないのか」と質問したら、「そのような中紙は使用していない」と回答があった。ところが、各地からこの中紙は出てきている。

⑥「ロイヤル社各店で多くの品を半額で受け取っているが、これは景品表示法の二重価格に該当し、違法ではないか」と質問したら、「監督官庁からの二重価格や優良誤認等法令違反の指摘がありましたから、早急に法令を順守する方針に変わりありません」とだけ回答し、実際やっているかどうかは回答しなかった。

⑦「クリーニング工場の人時生産率を、ロイヤル社は四〇を目標としているが、これは異常ではないか」と質問したら、全くの一般論だけ語り、質問には何ら答えていなかった。

このようなことも、団交があって初めて明らかにされたのであり、何もなければ「どうもおかしい」程度のことで済まされていたはずだ。労働組合の結成はこのように、消費者問題にも食い込むのである。

工場作業者からの連絡

二〇一七年一月、ロイヤル社の埼玉の工場で働いているという工場作業員から連絡があった。最近この会社に入社したが、最初からいろいろ責任を押しつけられており、一六年末には夜中の十二時を超える勤務が二回あったということで、今後の勤務に不安を感じての相談だった。この人は以前にもクリーニング会社に勤務していたそうで、それなりの経験はあったのだろうが、まだ二十歳そこそこの若さでも、不安に感じるのはわかる。前職の経験でおおよそクリーニングのことは理解しているようだったが、同僚もバタバタ辞めていくし、繁忙期前には退社したいと話していた。

ところが彼はその後も継続して働き、遂に繁忙期に突入した。同社の繁忙期はすさまじい仕事量で、朝の五時から夜中の一時まで働くような日々が続いた。四月、五月は残業時間が月一六〇時間を超え、生命の危険といえる数字に達した。過労死ラインである一〇〇時間をはるかに超えているのだ。「体力の限界が来た」と彼がＳＯＳを発したため、私は労働評議会に連絡し、彼を組合に入れて一緒に労働基準監督署に行ってもらった。

彼からの情報では、店舗では二四時間働いた店員がいたり、残業二一〇時間などという作業員もいたという。労基署は厳重注意したが、それだけで終わったようだ。

電通事件以来、過労死の問題がこれだけ騒がれているのに、従業員を平気で一〇〇時間を超える長時間残業をさせるこの会社とはいったい何なのだろうか？　それを見逃す社会にも疑問を感じる。結局、彼は同年九月に会社を辞めていった。過労死ラインをはるかに超え、生命すら危うい職場では、引き留めることもできなかった。

念のためいっておくが、従業員を夜中まで働かせ、残業が月に一〇〇時間を優に超えるクリーニング会社などほとんど存在しない。生産計画を無視し、利益重視で人命軽視の姿勢がはっきりしたといえる。とにかく、私たちの常識では考えられないことがブラック企業では当たり前に起こるのである。

明らかにされる生産内容

この作業員はロイヤルネットワークに在籍中、頻繁に情報を送ってきた。デジカメで自分のタイムカードを撮影してメール添付したり、工場の様子や工場内に掲げられた目標数値なども把握することができた。おかげで同社の作業の様子などを詳細に知ることができた。

概していえるのは、膨大な入荷量に対し、作業設備があまりに貧弱なことである。洗濯機や仕上げ機などの設備が十分にあれば、大量に集めてもそれなりの生産は可能だが、その機械が少なすぎては、作業員は大変な苦労を強いられる。そしてその設備も最新式とは言い難い印象を受けた。

どうも同社は工場に金をかけず、営業経費や有名キャラ使用などの広告宣伝費、そして業務拡張にばかり経費を使用しているようだ。これは従業員にとってはあまりに厳しい手法である。

ただ、この情報は大変貴重だった。同社の業務内容が把握できるからである。今後の団交で、この情報が大いに活かされると思う。

消費者問題の解決を

クリーニングの世界では、その通常とは違った歴史の変遷ゆえに、他にはないいろいろなことが起こってくる。生衛法の影響で大手業者に関する教育や指導が全く存在せず、各自はそれぞれ独自に会社運営を進めざるを得なかった。それゆえ、ここで紹介したような不可解なクリーニングが展開されるケースがあり、それは消費者にも迷惑がかかる恐れがある。

「キトサン配合」と書かれた中紙。キトサンは入っていなかった（R社文書より）。

本来は不必要な追加料金や、効果不明の加工だけならともかく、アレルギー物質などを使用すれば、消費者の健康をも損なうことになり（現在まで、食品衛生法のような法規はクリーニングに存在しない）、クリーニング用剤による公害も無視できない課題である。業界に浄化作用が皆無な現状では、それに干渉し、改善をうながす組織が必要だ。それには、労働組合が一番望ましいように思える。

4　労働組合は会社を助ける

グローバルの事例

あるとき、グローバル社組合担当の労働評議会の方からメールが来た。用件は、「ワイシャツの仕上げ機」の修理方法だった。なかなか会社がワイシャツプレス機を修理してくれないので、こちらでやろうと思ったとのことだった。

これには驚いた。労働組合は工場の機械のメンテナンスまでやってくれるのだろうか？　こういう基本的なことを怠る会社が一番の問題だが、それを補うべく、労働組合が問題を解決してくれるのなら、会社にとってもむしろありがたい存在である。労働者の待遇や労働環境の改善だけ要求してくるわけではなく、このように自ら改善も申し出てくれるものらしい。

ワイシャツはクリーニング店が一番預かる品。そうなると、仕上げ機も工夫されていて、大変効率のいい優秀な機械が販売されている。メジャーな機械はおおむね二種類だけなので、そんなに煩雑ではない。私は情報を聞き、それを機械に詳しい同業者に連絡し、適切な処置を教えてもらって組合に伝えた。みんな同じような機種を使用しているので、話は早い。

労働組合とは会社をダメにするものではなく、会社をより良くするのが目的だ。会社が潰れてしまったら、自らも路頭に迷うことになる。労働組合もまた、会社を前進させる一員である。そのようなことは、案外、会社側には全く伝わっていない。

わからない経営者

今までクリーニング会社には、労働組合がほとんど存在しなかった。それゆえ、会社側には組合に対する大きな誤解がある。

どこの社長でも、怠け者の従業員には悩まされた経験がある。毎日遅刻したり、やたら反抗的だったり、スキあらば、サボっていたりする従業員は経営者をいつも悩ませてきた。クリーニングの場合には女性が多い職場であり、女性間のわだかまりから預かり品をどこかに隠したりするような人もたまに出てくる。こういう人たちは、何かにつけて不満を言い、一年中、労働基準監督署に行くぞ、などと言っている。

これは私の印象だが、労働組合をよく知らない経営陣は、労働組合とはすなわち、こういう人たちだと思っている。常に会社に反抗的で、会社にマイナスになることしかしない、できればいなくなって欲しいという存在だ。おそらく、みんなそう思っていると思う。だから業界団体などで組合の話をすると、みんな急に嫌な顔をする。

しかし、現実は違う。お会いしてわかったのだが、ロイヤルネットワークやグローバルの組合リーダーは、いずれも普通だったら社内で上司に昇格してもおかしくない能力の持ち主だった。こんなに仕事ができるのに、なんで組合なの？　と思ったくらいだった。それは、会社がおかしいからだ。実力のある人が立ち上がらざるを得ないシチュエーションがあったからである。

労働組合であっても、優秀な人材であれば、会社にとっては必要な存在であり、会社の一員として重要である。会社経営者は、広い器を持って、そういう人たちを受け入れる存在でなければならない。他の業界がみんなそうなのだから、自分達だけがそうならないはずがない。ここは、経営者の度量が試される場であると思う。

自分が知らないものを恐れるという点では、労働者も経営者も同じ。絶対来るものは避けられない。経営者なら、組合はあって当然と思い、堂々と受け止めるべきだ。逃げ回るのは、ブラック企業だけである。

良心的な経営者が駆逐される

ちょっと前、あるクリーニング会社で乗っ取り騒動があった。この会社は百年近い歴史を持つ老舗の業者だったが、社長はあまりにも生真面目で、この業界特有のゴマカシや手抜きを一切受け入れず、経営が苦しくなり、最後には安売り業者に会社を譲渡してしまった。なんとも気の毒だったが、この社長は、経営譲渡の押印をした後で、先方の経営者から言われた言葉を、私に電話して教えてくれた。

「おまえは日本屈指の有名大学を出ているそうだな。オレは中卒だ。社会では、オレのような中卒が最後に勝つんだ。わかったか」

これを聞いて唖然とした。普通、会社を乗っ取るようなことがあれば、相手は相当意気消沈しているに違いない。そんなときには、「あなたもよく頑張った」とか、ねぎらいの言葉をかけるのが普通だろう。それが、自分の人生に関する恨み言を述べるとは、よほど心がすさんでいるに違いない。電話をしてきた社長も、よほど悔しかったから私に電話してきたのだろう。それにしてもあまりにもひどい話である。

聞かされた私も驚いたが、こんな話を聞くと、不正競争が続くクリーニング業界では、従業員のことを考える良心的な経営者が駆逐され、ブラックな経営者が生き残る無法の世界であるようにも思えた。

しかし、ここに労働組合があったらどうだろうか？　労働者側の意見が強かったらどうなるだろうか？人格者の社長がいたら、従業員が協力して難局を乗り切ろうと努力するだろう。会社一丸となって巻き返しを図るだろう。逆に、血も涙もない社長だったらどうだろうか？　労働者達は反旗を翻すだろう。ブラックな社長を追いつめていくだろう。どちらに付くかは明らかだ。

このように、組合の存在は会社の倫理にも言及する。あまりにも強欲な経営者であれば、組合は強硬に出るだろう。良心的な経営者が評価され、報われるならば、会社も改善されるのではないだろうか。

5　職種別労働組合の結成

業界としての組合が結成される

クリーニングにおける労働組合の活動はその後も加速している。

二〇一七年六月二十九日、東京で労評単産結成会議が行われた。これは、労働組合を会社別ではなく、一つの業種の中で結成しようという画期的な試みである。会議には四社からの代表が出席したが、今後拡大することが期待される。

そういった流れの中で、九月七日、業種別職種別ユニオン運動研究会が行われた。こちらは業種別の組合活動を発表する場であり、私はクリーニング会社代表として講演した。この研究会ではクリーニング業界の他にエステ業界のことも発表されたが、今までほとんど話題にならなかったサービス業の世界で、このような活動が広がるのは実に望ましいと思える。会合には組合関係者の他に大学教授、労働学者も参加したが、クリーニングの労働についての話は今までなく、多くの方々に興味深く聞いていただいたと思う。

業種別組合のメリット

クリーニング会社に勤務する労働者、クリーニング店で働く人たちが、どこの会社に所属するかに関係なく、誰でも一つの組合に入れるのであれば、多くの人々にとって大きなメリットがある。

クリーニング業を始めサービス業種は、どこも各事業所で働く人の数が多くない。工場でも十数名、店舗だとほとんど一人か二人だ。これではほとんど誰とも話せず、悩み事を相談する相手もいない。それこそ会社側の思うつぼだ。そういう人たちに相談する場を与えることができ、孤独な労働者に救いの手を差し伸べることができる。

一般の労働者は、労働法に関する知識をあまり持ち合わせていない。だから会社の言うなりになり、違法で無茶な仕事を押しつけられているケースが多い。そういうことも、この場で十分な知識を得て対処することが出来るようになる。

クリーニング業者の規模はさまざまで、何千人以上も雇う大企業もあれば、家族以外、二、三人のパートを雇っているところもある。しかしここでは労働者はみな同じ。労働基準法は会社の大小にかかわらず、同じく適用される。会社の垣根を越え、各人がいろいろ語り合っていけるだろう。各社の組合員で情報を共有し、あまりにもおかしな商法は会社に是正要求をすることができる。

「最初からシミ抜き料金」、「効果の怪しい加工」、「年中半額」など、消費者契約法や景品表示法に抵触するような違法商法も、ここで改正を要求できる。何度か説明しているとおり、クリーニング業者はそれが違法であっても、他の業者がみなやっているとなると平気でそれに手を染める。経営者側、会社側に倫理観やモラルが著しく欠けている。この様な組織が出来れば、会社側の不正を糾弾することもできるだろう。

進歩的なエステ業界

業種別職種別ユニオン運動研究会ではクリーニングの他にエステ業界の事例も紹介された。こちらはこの世に様々な著作や活動により「ブラック企業」の名を有名にしたあのＰＯＳＳＥとも密接な関係のある、総合サポートユニオンの青木耕太郎氏が説明した。

エステはまだそれほど歴史のない業種であり、近年流行した感があるが、やはりサービス残業などの問題を抱え、一部の人が立ち上がったという。業界規模がさほど大きくない上に、比較的若い女性が多い業種だったので、活動も早く、いち早く業界全体の改革に成功したようだ。エステ大手の業者達も理解が早かったようだ。青木氏やスタッフはみな若いのに、素早くブラック業種からホワイト業種に転換させて見せた腕前には驚かされた。さすがは名の通った人たちである。

同じようにクリーニング業界も改善したいが、こちらは業界が古く、行政や政治も交えて利権にしがみつく人たちが多い上、零細業者が業界の代表などという矛盾した構図を変えていくことは簡単ではないと感じた。ここでもやはり生衛法がネックになる。エステ業界が理美容などと同じ分野とみなされ、生衛法の縛りを受けていたなら、こんなに早く改革することはできなかったのではないだろうか。ともあれ、業界改革の上ではエステ業界は「優秀な先輩」であり、その手腕をぜひ見習いたいところだ。

労働組合のマーケティング

業種別職種別ユニオン運動研究会の席上、私は労働組合のマーケティングについても若干述べた。

正直に申し上げて、一般に暮らしている人々、とりわけサービス業関連の人たちには、「労働組合」はかなり馴染みのない存在である。製造業ならともかく、サービス業には労働組合員という方は稀で、とにかく今までは縁遠かった。

この私ですら、指宿弁護士に労働組合に行きましょうといわれた際、かなり動揺したものだ。いったいどんなことになるのだろうと、心配になった。一般の人たちならなおさらだと思う。人によっては、通常の生活を送る人とは別の、異質な存在だと思っている。冗談のようだが、これは決して誇張ではない。

こういうわけだから、会社の待遇が悪い、労働組合に入りましょうといっても、なかなか納得してくれない。多くの人たちは基本的に労働組合がどういうものかも、どういう歴史を歩んで現在に至っているかも知らない。多くの労働者を労働組合に加盟させることは、本当にハードルが高いのである。

こういう状況なので、労働組合が親しみやすく、もっと身近な存在であることをわかりやすく説明できればいいと考えている。労働組合はマルクスとかレーニンとかが出てきて、堅苦しく、難しいと思われている。まあ実際そういう部分もあるが、多くの労働者に理解を求め、できるだけ大勢の人に労働組合に入ってもらうことを目標とするならば、組合が親しみやすく、労働者の力になってくれる頼もしい存在であることを知らしめる必要があると思う。いってみれば、労働組合のマーケティングである。

誤解を恐れずにいえば、労働組合がサークル活動のように感じられる集まりであれば、誰もが気軽に行けるし、つられて行ってみようという人も多くなるだろう。クリーニング業界は女性が多いので、女性が集まりやすい趣向の印象があれば、みんな来てくれるだろう。ここは労働組合側もちょっと考えていただいて、組合員増加を第一とし、大胆な作戦を実施して欲しいと思う。

こういうことを考えてくれるのはどこだろうか？　広告代理店といえば、やはり、あそこだろうか？しかし、それではブラックジョークになってしまう。

6　スラップ訴訟規制法の制定を

自宅に書留郵便が

二〇一五年二月、私の自宅に書留郵便が届いた。ＫＤＤＩからのものだった。電話料金の請求明細書かと思ったが、中身を明けてびっくりした。それには、この様に書かれてあった。

「お客様が発信された次葉記載の情報の流通により名誉を侵害されたと主張される方から、お客様の発信者情報の開示を求める訴訟が当社を被告として提起され、東京地方裁判所にて審理が係属しております。（中略）お客様のご意見を照会いたします。（中略）なお、ご回答いただけない場合又は開示に同意されない場合であっても、裁判所が開示を認容する判決を下した場合には、弊社は、お客様の発信者情報を、権利が侵害されたと主張される方に開示いたしますので、その旨ご承知おき下さい」

最初はなんのことだかわからなかったが、どうやらこれは私が2ちゃんねるに書き込んだ文言について、名誉を毀損されたと主張する会社がプロバイダーに対し、情報開示の裁判をしているのだった。

これ以前、私はよく2ちゃんねるを覗いていた。ロイヤル社の問題は、2ちゃんねるでも多くの書き込みがあり、話題になっていた。私がここに何か書き込むと、誰かがそれに返事をする。そのレスポンスはなかなか参考になった。匿名なので信憑性は怪しかったが、それでも貴重な情報は結構流れていた。

しかし、そんなことまで相手は探してくる。私が記載した内容は、「ブラック企業大賞実行委員会にノミネートお願いしようよ」というものだという。実際には他のことも書いているのだが、相手が主張してきたのはこれだった。

ただ、私を訴えるというのであれば尋常ではない。文章では、「権利が明らかに侵害されたとする理由」について、「一般の閲覧者の普通の注意と読み方を基準として読んだ場合、ブラック企業、労働基準法等を遵守し、従業員の労働環境に配慮していない企業と一般の読者をして誤信せしめるものであり、原告の社会的評価を著しく低下させるものである。

本件情報は真実でなく、記載内容は一企業に対する情報であり、公共の利害に関する事項とはいえず、表現方法は根拠を明確に示すことなくただ原告を誹謗中傷しており、積極的な加害意志しか見て取ることしかできず、公的目的も認められない。したがって、名誉権の侵害を受けていることは明白である」とあった。原告はロイヤルネットワークで、弁護士はこういった情報開示を得意にしているKという人物。情報開示の目的は、名誉毀損で相手を訴えるためという。

最初は焦ったが、こんなことで名誉毀損になるかと考えれば、それも変な話だ。おそらく相手は2ちゃんねるまでチェックし、自分たちに不利な情報にはかなり敏感になっているのだろう。従業員の残業代はケチるのに、こんなことにやたら金をかけるのがブラック企業である。

弁護士の意見

ただ、このような記載があったのは二〇一四年九月だが、書留が届いたのは二〇一五年二月で、このときにはもうHさんの団交が終了しており、ロイヤルネットワーク社は約六〇万円を払っている。残業代未払いを認めた後であった。また、月刊誌FACTAはこの問題を「パートに残業強制する極悪ブラック企業」として記事にしており、ロイヤル社は世間一般にブラック企業であることが認知されていた。2ちゃんねるという媒体がどれだけ影響力を持っているのかわからないが、これだけ認知された事実を名誉毀損といえるのだろうか?

弁護士に意見をうかがったら、「内容的に開示される可能性は低いし、裁判に負けても賠償金はせいぜい一〇〇～二〇〇万」、「すでにロイヤル社がブラック企業であることはマスコミが報道しているので、訴えてこないのではないか」とのことだった。

私の回答

こういった弁護士の意見を受け、私はKDDIの弁護士宛に下記のような文章を送った。

回答書

私はNPO法人クリーニング・カスタマーズサポートの代表者であります。当NPOは、日本のクリーニング業界の問題点を改善していくことを目的に設立された団体であります。

今回、記載いたしましたロイヤルネットワーク社に対する「ブラック企業大賞実行委員会にノミネートお願いしようよ」という文言に関しましては、現実に実行委員会選考委員の方にその旨お願いしていることもあり、賛同者を募る目的で記載しており、特に匿名である必要はありません。したがって、氏名を特定されることに問題はありません。

ロイヤルネットワーク社に関しましては、以前より会社ぐるみの建築基準法違反を新聞に摘発されるなど、問題の多い企業です。昨年は日本労働評議会により残業代未払いを指摘され、元従業員に約六〇万円の未払い残業代を支払っております。また、日本労働評議会へは、「サービス残業が行われている」とする数十通もの手紙が来ております。同社の残業代未払いの訴えはまだまだ残っており、順次行われる予定ですが、当方もＮＰＯ法人の活動として、それをお手伝いしたいと思います。

ロイヤルネットワーク社がブラック企業であることは公知の事実であり、本件投稿によって何ら新たに名誉或いは名誉感情が侵害されてはおりません。それらは、以前より何度かマスコミにも指摘されております。

会社ぐるみで紛れもない労働基準法違反を行っている事実は、記載された「権利があきらかに侵害されたとする理由」にあります、「労働基準法等を順守し、従業員の労働環境に配慮していない企業と一般の読者をして誤信せしめるものであり」という記述には明らかに矛盾しており、ロイヤルネットワーク社側の主張は全く事実と異なります。

当ＮＰＯ法人はこういった残業代未払いの方々を支援し、会社側に正規の賃金を支払わせるのが活動の一つですが、多くの残業代未払いの方々を救うことは、公共の利害に関する事項であり、「公的目的も認められない」というロイヤルネットワーク社の主張は間違いです。

さらには、ロイヤルネットワーク社が自社店員労働者に課したのは、他社と比較して猛烈に多い仕事の押しつけ、完全一人体制（ワンオペ）、タイムレコーダー打刻前後の労働強制、時間当たり売上の達成がないと時給が発生しない等、完全なブラック企業のそれであり、「ブラック企業大賞実行委員会にノミネート」というのは、当然の表現であります。

この様な点から、私はこの記述がロイヤルネットワーク社の主張する名誉権の侵害を行ったとは全く考えられません。ロイヤルネットワーク社がブラック企業であることは、添付した資料の通り、客観的事実であります。

なお、これをもって損害賠償請求の訴訟を行うというのであれば、それはそれでいいと思います。その様な場を持って、私はロイヤルネットワーク社の数々の違法行為を発表し、公表したいと思います。これにより、現役の従業員及び退社した人々（未払い残業代を請求する権利のある人たち）に、本来ロイヤルネットワーク社が支払うべき残業代が支払われるのであれば、それに越したことはないと考えます。

私の意志としては別に公開されても問題ないと思ったが、弁護士らの助言に従い、「公開を希望しない」にマルを付けて手紙を返送した。面倒なことにはかかわらない方がいいというのである。その後、弁護士の予想通り裁判はプロバイダー側の勝訴に終わり、情報は開示されなかった。裁判記録によれば、「本件投稿は，原告の社会的評価を低下させることが明らかであるとはいえず，それによって原告の権利が侵害

されたことが明らかであるとはいえないから，争点についての原告の主張は採用できない。よって，その余の点について判断するまでもなく，原告の請求は理由がないから，これを棄却することとして，主文のとおり（原告の請求を棄却する。訴訟費用は原告の負担とする）判決する」とのことだった。

また同じことが……

二〇一六年、また同じことが起こった。二〇一四年のものより以前に私が書き込んだことについて、同様の用紙が届いたのである。今度は筆者のクリーニング会社が契約しているネットプロバイダーの方だった。またどうせ同じことになると思っていたが、今度は別の意味で面倒なことになった。

会社で契約していたプロバイダーは、取引先の事務用品販売会社営業マンの紹介で知った格安の業者だった。この業者の代理人という弁護士に、全然やる気がなかったのである。「私、あなたの弁護士じゃないんで」、「相手のK弁護士は、この前テレビに出てたんですよ。有名な人なんですよ」、「（書き込みが事実であることを証明する）証拠の品はこれだけですかぁ？」などと、平気でいう。そのうち、口の利き方も横柄になってきた。これについてこちらサイドの弁護士に聞いてみたが、これまでの書類を見ている限り、プロバイダー側が負けるとは思えないという。こちらの弁護士は、「負けたときのいいわけにしたいんだろう」とも言っていた。東京弁護士会に懲戒請求を出そうかとも考えたが、裁判の結果も出ていないし、第一、自分が雇った弁護士でもない。この弁護士は調子に乗って好き勝手なことをいってきたので、こっちも電話は全部録音しておいた。この手の裁判にはこういう問題がある。

しかし、問題はまもなく終わった。ロイヤルネットワーク社の弁護士が裁判を取り下げてきた。どうやら、向こうは向こうで勝ち目がないと判断したらしい。お互い負けると思いながらやっていたのか。私は即、会社で契約していたプロバイダーを解約した。

この問題の教訓は、安いプロバイダーと契約すると、こういうときに困るということだ。SNSなどに投稿しているネットユーザーは、ぜひ参考にしていただきたい。

ブラック企業の常套句「名誉毀損」

いろいろなブラック企業関連の本を読んでいると、ブラック企業はいつも「名誉毀損」という手段を使ってくる。名誉毀損こそ、ブラック企業最大の武器なのだ。弁護士名で訴状を送れば、たいていの奴は黙ってしまうだろうという計算があるのだと思う。

普通の人は、弁護士から訴状などが届いたらビビってしまうだろう。いったいどうなるのか、自分が裁判に行くのか、あるいは「有罪」になるのかなど、あらぬ心配までしてしまうのだろう。ブラック企業はそこを狙ってくる。脅かして自分を守ろうとするのである。なんだか暴力団のようだ。

しかし、相手がブラック企業であっても、行動が正論であれば別に何の問題もない。「名誉毀損で訴える」などといわれても、そんなに大きな問題にはならないことを言っておきたい。脅しに脅えてはいけないのだ。

スラップ訴訟

こういった行為を「スラップ訴訟」というらしい。大企業が反対する勢力を潰すため、裁判という手段で多額の賠償金を請求してくるようなことをいう。普通の人は訴訟とか裁判にはなれていないので、ビビってしまい、脅えてしまう場合が多い。これについては『スラップ訴訟とはなにか』（烏賀陽弘道著）という書籍に詳しい。

ブラック企業はスラップ訴訟を積極的に利用してくる。自分を糾弾する相手に、「名誉毀損」という形で内容証明書を送り、賠償金を払えなどといってくるのだ。

アメリカの各州では、こういったスラップ訴訟を無効とする法律ができている。大きいものが小さいものを脅すというのは、民主主義のルールに反するのだ。ところが、日本ではこういう法律がない。ブラック企業が跋扈する日本にこそ、スラップ訴訟から人々を守る法律が必要ではないか。日本に絶対必要な法律だ。早く日本でもこの様な法律を制定してもらいたいものだ。

名誉毀損を恐れずに

普通の人だったら、ある日突然弁護士の名で自分の家や職場に内容証明書が届き、中の手紙に一億円を支払え、などと書かれていたら、驚いて震え上がってしまうだろう。ブラック企業はそこを狙ってくる。弱い立場の相手を怖がらせ、文句をいわせなくするのである。現在、弁護士は大勢いる。こんなことはいくらでもやってくれるだろう。

ただ、裁判になっても、一個人が膨大な額の賠償をすることなど滅多にない。よく、週刊誌の記事によって名誉を毀損されたというような芸能人の訴訟がニュースになるが、どの案件を見てもそれほど大きな賠償になったものはない。人生を壊滅させられるような巨額な賠償にはならない。弁護士は大きな金額を書いてくるが、実際にはそのわずか数パーセント程度の賠償にしかならないことが多い。

また、賠償を払うのは敗訴した場合のことであり、事実を裁判で証明すればいいし、ブラック企業のダメージも計り知れない。幾ばくかの金額を払うよりも、企業イメージを悪くすることの方が会社にとって影響ははるかに大きい。ブラック企業と闘う場合には、名誉毀損を恐れずにやってもらいたいと思う。

7 生衛法廃止を

真実に耳をふさぐクリーニング業者

二〇一七年は当NPOにとってマスコミ露出の多い年になっている。五月十四日にはテレビ朝日の番組、「ビートたけしのTVタックル」に呼ばれ、激安クリーニング店の秘密について説明した。その後、八月十八日には朝日新聞の「ひと」に私が登場、NPO活動について説明している。

マスコミ登場の中では、クリーニング業界の労働問題とともに、最初からシミ抜き料金を取ることのナンセンスさを具体的に述べて説明、反響もあった。テレビや新聞に登場した私は、地域社会で賞賛され、講演会も開いた。

こういった当NPOの露出を、クリーニングの世界では業界を挙げて無視、ほぼ全員が両耳を手でふさぎ、聞かなかったことにしている。三年前の読売新聞のときには結構反論する人たちがいたが、今回はほとんどなし。理由は、有料シミ抜きのように現実の問題に触れ、労働問題にも言及しているからだろう。「オレ達は真面目にやっている!」という連中も、具体的な事例を提起されると沈黙するのである。

TVタックルでは見出しに大きく「手抜きクリーニング」とテロップで表示された。番組の内容がそうだった。後で大手安売り業者従業員からの内部告発で、この会社の生産部から連絡があり、「一部テレビ放映で話題に上がって（原文ママ）いましたが、ドライ機、水洗機のプログラムについて短縮洗いはしていない事を洗い担当全員に確認して下さい。洗い、乾燥は会社で決められたプログラムがありますのでそれを守って洗濯することを厳守して下さい」なる通達があったと報告があった。現実に短縮洗いをしていた人がいたという。テレビで私が言った通りだった。テレビで暴露され、すぐにこんな指示を出している業者がいることは、この業界のあさましい現実を示している。

こんな状況だが、本文のように、自浄作用もなく、法律もいい加減なクリーニング業界を救う手だては労働組合にあった。今後、労働組合が組合員を増やして発展し、業界に対して意見を強めていけば、今後は業界のあらゆる問題を改善できるだろう。

職種別業種別ユニオンの集会で聞いたエステ業界のように、ブラック業界からホワイト業界に生まれ変わることが望ましい。

サービス業への労働法規徹底

いつも思うのだが、月曜から金曜まで働くオフィスや製造工場と比べて、土曜も日曜も働くサービス業は労働基準監督署などの行政指導が行き届いていないと感じる。現実には通常の仕事よりずっと労基法違反が目立つし、ブラック企業どころか「ブラック業界」といえる業界もあるのに、労基署の指導がさっぱり行われていない。

2017年（平成29年）8月18日（金）　12版▲　◎　総合2　2

ひと

クリーニング業界の労働環境改善に取り組む

鈴木《すずき》　和幸《かずゆき》さん(57)

「朝5時から夜中まで働かされる」「残業代が出ない」。タイムカードの画像とともに、メールが届く。自費で会いに行き、解決に向けて乗り出す。

3年前、NPO法人「クリーニング・カスタマーズサポート」を設立し、理事長を務める。利用客の苦情を受けて業界を改善するつもりだったが、次々と舞い込んだのは内部からの悲鳴だった。

気軽に利用できるクリーニング。「それを支える低価格競争の陰に、不当な労働を強いられている人がいる」という。10万以上の施設があり、競争は厳しく、「待遇改善どころか、労働基準法を守ってくださいというレベルの業者がまだたくさんある」。

福島県須賀川市で100年ほど続くクリーニング業の3代目。業界への苦情をまとめて出版したこともあるが、そのミスや手抜きの多くは劣悪な労働環境が原因で起きると知った。全国に同志を募り、NPOを結成した。

「友達をなくすぞ」と言われても活動を続けるのは「子供の頃から強かった闘争心」という。大学時代は学生プロレスに明け暮れ、メキシコでの修業を考えたことも。ウルトラマンを生んだ映画監督の円谷英二の生家が近く、研究者としても知られる。

最近は、しみ抜き料金の先取りは「違法だ」とキャンペーンを張る。「業界を洗濯するのが私の使命」

文・写真　東野真和

読売に続き、朝日も紹介してくれた。例によってクリーニング業界は全くの無視（『朝日新聞』2017年8月18日付）。

なにか政府関係者は、世の中の人はすべて月曜から金曜日にしか働いていないと思っているようだ。クリーニングで忙しいのは土曜、日曜だが、この二日間は労働基準監督署が休みなので彼らはクリーニング業界の週末の実情を永遠に知ることはない。いっそ労基署も警察のように交代勤務にしたらどうか。そうでなければ、ブラック企業の実態など絶対わからないだろう。

かつて栄えた日本の製造業はほとんどが海外にその基盤を移し、サービス業従事者比率は以前よりずっと増えている。それなのに、ほとんど管理されていない。従業員総数が二〇〇〇人を超える大会社でも、社員のタイムレコーダーがなく、出勤簿しかないところもある。それでいて、午前一時まで働いても残業代は出ない。

クリーニング業界で働く人たち何人かに、あなた達はなんでそんな悪条件で働くのか、転職しないのか、会社を辞めない理由は何かと聞いたことがある。すると、現在のクリーニング会社はどこも「十二時お預かり、六時お渡し」などのクイックサービスを行っており、いつも時間に追われている。次から次へとやってくる品を間に合わせるため毎日働いていると、仕事に切れ目がないためそれに慣れてしまい、ダラダラ働くことになるらしい。

ともあれ、このままではブラック企業のやりたい放題である。サービス業の労働管理を強く監視・指導することを望みたい。

倫理委員会の設定

業種別職種別ユニオンが安定して運営されるようになれば、ぜひ取り組んで欲しいことがある。それは、クリーニング業・倫理委員会の設置である。

これまで説明してきたように、クリーニング業界では明らかに違法なことが平然とまかり通り、おかしな加工、不自然な追加料金などが横行している。また、アレルギーへの無配慮、環境問題なども深刻である。こういう問題に経営陣はあまりにも無神経であり、行政も業界団体も問題視しない。要するに倫理観に乏しいのである。特に始末が悪いのは、建築基準法違反や土壌汚染問題などの不祥事を、業界ぐるみで隠すことである。業界に自浄作用が全くないのだ。

そこで、ユニオンに倫理委員会を設置し、クリーニング業者が行っているおかしな行為、消費者に迷惑をかける行為、環境を害する行為などを指摘、注意する業務を行って欲しい。

このような委員会が取り組むべき仕事はまず、消費者問題である。違法であったり、意味のない加工などは業者にさせないよう会社側に働きかけ、消費者に歩み寄れば、信頼の置けるクリーニングが提供できるだろう。環境問題も重要である。人体に有害で土壌汚染を引き起こすテトラクロロエチレン、温室効果ガスを出すソルカンドライなどを、組合側から問題提起することも必要だろう。

そして、倫理問題が大切だ。なぜならクリーニング業界に最も欠けているのが倫理観であるからだ。外国人技能実習生の多い業界なので、実習生の安全を守る必要がある。ぜひとも実現して欲しい委員会である。

生衛法の廃止

これまで、何度もクリーニング業界を初め、生活衛生関係営業と呼ばれる業種の最大の問題点は生衛法という古い法律であることを指摘してきた。昭和三十二年施行の生衛法は、当初は有意義な法律だったが、各業種に大手業者が登場し、企業化していくと、各業種発展の足かせとなり、ブラック企業を次々と生み出す元凶に変化した。この時代遅れの法律のためにブラック企業の下で多くの労働者達は劣悪な労働環境とサービス残業に苦しんでいる。一部の業者だけが助成金、補助金をもらい、不必要な天下りばかり増えて税金の無駄遣いをしている。災害時には被災者支援の妨害をする。何一ついいことはなく、実態は「ブラック企業擁護法」である。

腐肉の様な悪法は直ちに撤廃するべきである。多くの労働者や消費者のため、この悪法を一刻も早くなくすべきである。族議員がいて、行政の天下り先が居座るなどハードルは高いが、多くの国民を苦しめている現実を鑑み、大昔の法律はここでさよならするのがいい。

生衛法の下にクリーニング業法がある。この中に生衛組合の結成が入っている。全ク連は法定認可団体なのだが、非常に低いシェアと、組合員が年商一〇〇〇万円以下の零細業者ばかりという事実を考え、零細業者の救済団体ということにしてはどうか。現実にそうなのだし、現実に沿った対応ができる。多くの業者が現在も建築基準法違反の違法操業状態でもあるし、何らかの救済組織は必要だろう。少なくとも、「業界の代表」であっては困る。

そして、零細業者を引きつける魔法の小道具、勲章を与える叙勲についても、クリーニング業者は止めるべきである。勲章は社会に貢献した方々に贈られるものであり、天下りの旧体質を維持するため協力した老人にくれるものではない。これがなくなれば、あきらめもつくだろう。生衛法の廃止こそ、ここで最も主張したかったことである。

クリーニングの今後

生衛法で嫌なのは、これまで示してきたように、法律のあり方やそれに伴う運営方法が、「クリーニング業者はみな零細業者」と決めつけているように思えることだ。現に役職に就いている人は小規模な業者が多い。生活衛生営業指導センターも、「かわいそうだから助けてやる」という姿勢を感じる。

これでは、希望が持てない。クリーニング業界に入ってくる人たちが希望を持ってやってくるようにしたい。現に、成功している人もたくさんいる。夢を感じる職業になって欲しいが、それには生衛法が障害になる。昭和三十二年を背景とした法律ではなく、現代に見合ったものであって欲しい。

職種別業種別ユニオンがうまく機能すれば、経営者の思いつきで始まったようなおかしな加工や、ナンセンスなクリーニングはなくなるだろう。その上で各社が連携すれば、会社にとっては致命的な倒産の危機も各社協力の下カバーすることができるかも知れない。各社で仕事の偏りがあるが、それも協力して是正することが可能だ。

また、零細業者にも仕事のチャンスが来る可能性がある。個人店にはアイロン名人、シミ抜き名人のような一つの特技に秀でた人物がいる。そういう人たちに仕事を廻し、業界でワークシェアリングすれば、多くの人が生活に不安を抱えながら暮らすこともなくなるだろう。まさにいいことずくめだ。

そして、この動きは他の生活衛生関係営業にも広がっていけばいいと思う。ブラック企業がこの業種に多く存在するのは、これまで何度も述べてきたとおり、法律が古く、それにしがみつく利権があるから。そういうものを一気に吹き飛ばし、生衛業種も相応しい労働環境が用意されるべきである。クリーニングは、生衛業の中で最初に大手が登場し、市場を奪っていった業種。ならば今回も先陣を切って業界改革に乗り出し、他の生衛業の模範となればいいと思う。

クリーニングは一九六四年の東京オリンピック以降、需要が非常に伸びて発展した。それは、一億総中流といわれた比較的平等な社会があったからである。富裕層ばかりでなく、多くの方々が幸福になるという意味で、労働者が立ち上がるのは理想と感じる。

現在の試みがどこまで成功するかはわからない。ただ、思いもよらなかった方法でクリーニング業界が変わっていくかも知れない。そこに大きな期待を持って、筆を置きたい。

あとがき

二〇一七年、業種別職種別ユニオン運動の会合で私が講演した後、参加者から質問があった、質問の内容はこんなことだった。

「あなたはクリーニング業界で、かなり孤独な闘いを強いられているようだが、なかなか大変ではないか。なぜあなたはそんな厳しいNPO活動を続けるのか」

私はこう答えた。

「理由は簡単です。正義のためです」

会場から一斉に拍手が起こった。大受けだった。

しかし、これは受けを狙って言ったわけではなく、全く自然に出てきた言葉である。現在のクリーニング業界は、儲かればどんな不正をしてもいいという業者にあふれ、あまりに不正義な状態が続いている。それに対抗するのは当然ではないか。

私の家は大正十年創業の古いクリーニング会社で、私は生まれた瞬間から既にクリーニングに浸かっていた。私は徐々に拡大していくクリーニング会社を見ながら育ち、クリーニングで得られる収入により、学校へも行かせてもらった。思い切り恩恵に授かっているのだから、この商売に対する愛着も強く、業界が健全な方向に向かっていくことを祈っているし、だからこそＮＰＯ法人も立ち上げたのである。

しかしながら、本書で述べたように、生衛法という法律の不備、行政の天下り、業界団体の居座りなどの要因により、クリーニング業界は迷走している。とりわけ、不正な社会の象徴であるブラック企業の業界跋扈が、業界に違法行為、不正行為をばらまき、業界の未来を暗いものにしている。当ＮＰＯとしてはなかなか大変だが、それでも前進できるのは、敵がいくら多くても、正義はこちらにあり、とはっきりいえるからである。

本書で示したとおり、私は以前よりクリーニング業界のいろいろな問題に関心を持ち、ときにはそれらを糾弾する活動を行っていたが、その時点では業界の労働問題については言及していなかった。知人の勧めによりＮＰＯを開設したところ、この業界で働く人々の労働相談が殺到した。クリーニングの世界には、そこで働く人々が相談できる窓口がなかったのだ。そこで、当ＮＰＯが受け皿になったわけだ。

ＮＰＯを始めたとき、このような状況は全く想定していなかった。予想外の方向に向かっているが、少なくとも誰にも相談できず、困っていた人たちに対し、多少なりとも救いになったのは良かったと思うし、その後の労働組合結成も、クリーニング業界をまっとうな業界へ進ませる、大きなファクターとなったと思う。

本書では、不正を重ねて成長したブラック企業と、古い法律にしがみついて利権を手放すまいとする生衛法に関連する組織を両方とも良くないものとしている。一見水と油のような二者だが、業界を悪い方向に導いている点では共通している。こういった自分本位の業者を打破しなければ、この業界の明日はないだろう。
本書に関しては、多くの方々のご協力により、世に出ることができたことも改めて申し上げたい。皆様には心から感謝申し上げる次第である。

二〇一七年十二月十三日

ＮＰＯ法人クリーニング・カスタマーズサポート
鈴木和幸

参考文献

『「天下り」とは何か』（中野雅至、講談社現代新書）
『ハイテク汚染』（吉田文和、岩波新書）
『スラップ訴訟とは何か』（烏賀陽弘道、現代人文社）
『POSSE　vol・22』（NPO法人POSSE、堀之内出版）
『ブラック企業　日本を食いつぶす妖怪』（今野晴貴、文春新書）
『ブラック企業2　「虐待型管理」の真相』（今野晴貴、文春新書）
『クリーニングの理論と実際』（毛利春雄著、品質情報研究所）
『ワタミ・渡邉美樹　日本を崩壊させるブラックモンスター』（中村淳彦、コア新書）

資　料

図1　１世帯当たりクリーニング代支出額（総務省）

総務省統計局「家計調査報告」（速報）より（単位：円）。

全国全世帯：二人以上の世帯

勤労者世帯：二人以上の世帯のうち勤労者世帯

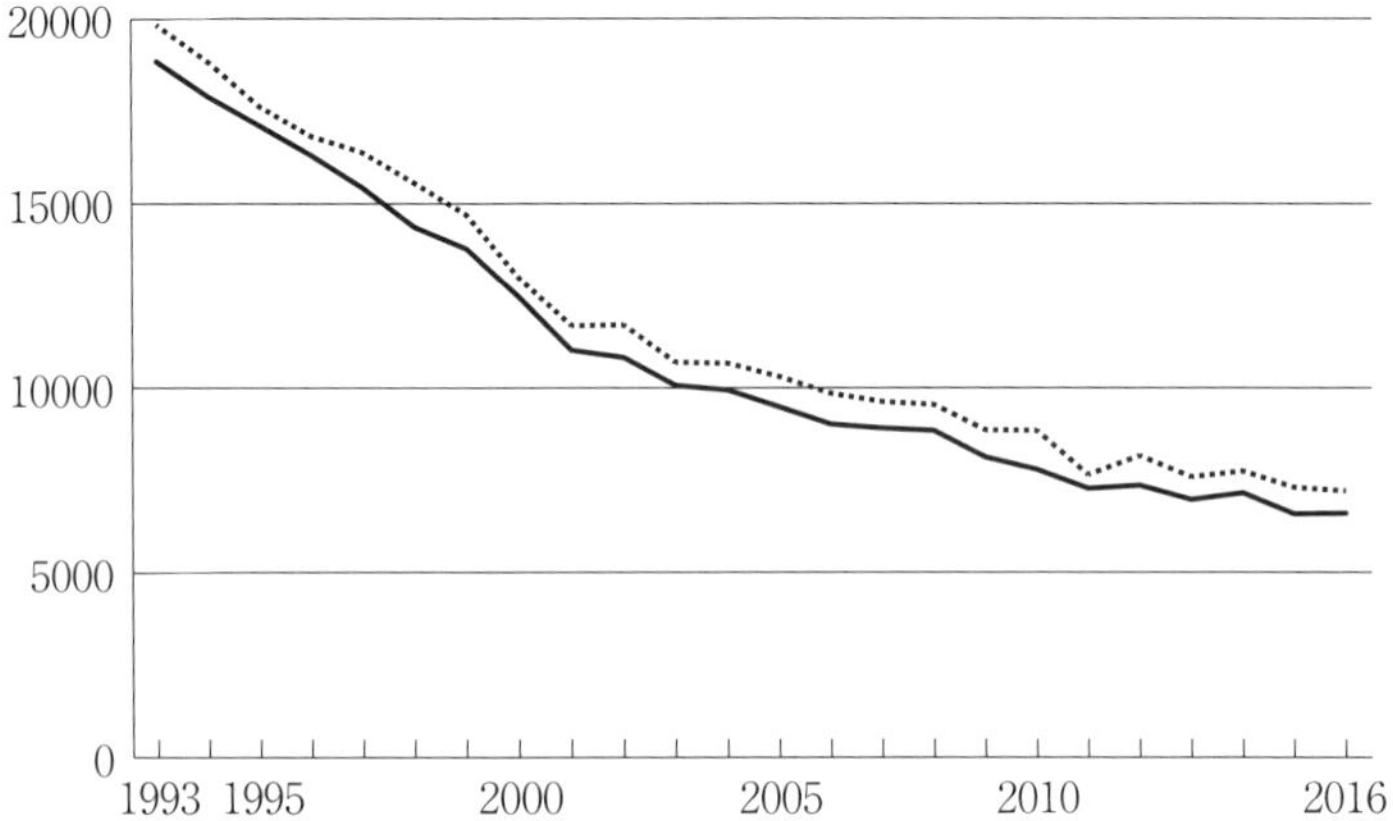

出典）クリーニングオンライン http://www.c-online.net/index.html

表１　企業常用雇用者規模別・法人数

	洗濯業		普通洗濯業		リネンサプライ業	
法人数	比率（%）	法人数	比率（%）	法人数	比率（%）	
総数	9,632	100.00	7,227	100.00	2,405	100.00
0 ～ 4 人	4,371	45.38	3,656	50.59	715	29.73
5 ～ 9 人	1,576	16.36	1,161	16.06	415	17.26
10 ～ 19 人	1,313	13.63	884	12.23	429	17.84
20 ～ 29 人	653	6.78	436	6.03	217	9.02
30 ～ 49 人	688	7.14	464	6.42	224	9.31
50 ～ 99 人	593	6.16	369	5.11	224	9.31
100 ～ 299 人	357	3.71	224	3.10	133	5.53
300 ～ 999 人	72	0.75	30	0.42	42	1.75
1,000 ～ 1,999 人	4	0.04	1	0.01	3	0.12
2,000 ～ 4,999 人	3	0.03	1	0.01	2	0.08
5,000 人以上	2	0.02	1	0.01	1	0.04

出所 :「平成 21 年経済センサス・基礎調査」

表２　立地条件別クリーニング料金（単位 : 円）

	背広上下	ズボン	ワイシャツ	ネクタイ	婦人用上衣	スカート	コート（毛皮・皮）	コート（その他）
総数	1,250	491	230	380	740	477	5,514	1,320
商業地区	1,296	505	241	391	773	490	5,949	1,403
住宅地区	1,256	492	227	377	732	479	4,859	1,309
工場・オフィス街	1,128	445	197	355	685	419	8,146	1,115
複合施設内	780	280	110	250	500	300	3,000	1,000
郊外の幹線道路沿い	1,194	479	230	372	738	475	5,973	1,303
その他	900	375	182	330	558	367	6,667	940

出所 :「平成 21 年経済センサス・基礎調査」

1993 年	49,621	104,839	1,608		156,068
1992 年	50,010	102,141	1,659		153,810
1991 年	50,509	101,705	1,806		154,020
1990 年	51,621	101,385	1,856		154,862
1989 年	52,083	101,806	1,897		155,786
1988 年	53,556	100,078	1,865		155,499
1987 年	53,552	94,938	1,752		150,242
1986 年	54,209	88,944	1,626		144,779
1985 年	54,459	83,284	1,599		139,342
1980 年	56,546	58,811	1,611		116,968

出典）クリーニングオンライン http://www.c-online.net/index.html

表3　クリーニング所施設数

厚生労働省（厚生省）調べ。97 年度以降は翌年 3 月末現在、96 年以前は各年 12 月末現在。

一般施設＝機械設備のある施設から特定施設を除いた施設
特定施設＝おむつ、おしぼり、伝染病関係など消毒が必要な特定洗濯物を取扱う施設 (指定洗濯物取扱施設)
無店舗取次店は営業者数

（注）2010 年度は東日本大震災の影響により、宮城県のうち仙台市以外の市町村、福島県の相双保健福祉事務所管轄内の市町村が含まれていない。
（注）2012 年 1 月 1 日に 2006 年、2007 年の掲載データを修正しました。また無店舗取次店の数値を合計に加えました。10 月 25 日に 2010 年の掲載データを修正しました。

年度	一般施設	取次所	特定施設	無店舗取次店	合計
2016 年	24,336	69,929	3,511	1,933	99,709
2015 年	25,975	72,888	3,448	1,869	104,180
2014 年	26,964	76,341	3,407	1,801	108,513
2013 年	28,713	79,773	3,292	1,789	113,567
2012 年	29,784	83,274	3,322	1,808	118,188
2011 年	31,219	87,386	3,548	1,692	123,845
2010 年	31,940	90,825	3,390	770	126,925
2009 年	34,193	95,805	3,200	386	133,584
2008 年	35,211	98,586	2,954	346	137,097
2007 年	37,036	101,191	2,596	367	141,190
2006 年	36,749	103,061	3,599	290	143,699
2005 年	39,638	105,134	2,360	263	147,395
2004 年	40,431	108,089	2,233		150,753
2003 年	41,866	111,068	2,175		155,109
2002 年	42,307	112,607	2,198		157,112
2001 年	43,771	113,953	2,077		159,801
2000 年	44,617	115,752	1,978		162,347
1999 年	45,476	115,703	1,848		163,027
1998 年	46,319	115,896	1,784		163,999
1997 年	47,218	115,010	1,997		164,225
1996 年	47,768	113,991	1,795		163,554
1995 年	48,227	111,907	1,727		161,861
1994 年	48,920	109,117	1,779		159,816

[著者略歴]

鈴木和幸（すずき　かずゆき）

1959年、福島県須賀川市生まれ。株式会社セルクル代表取締役、NPO法人クリーニング・カスタマーズサポート代表。須賀川商工会議所常任理事。

100年近く続く老舗クリーニング会社の三代目社長。2014年、NPO法人クリーニング・カスタマーズサポートを設立。クリーニング業界の消費者問題、労働問題等、様々な問題解決に当たっている。

著作

『翔びつづける紙飛行機〜円谷英二伝〜』（歴史春秋社、1994年）
『特撮の神様と呼ばれた男』（アートン、2001年）
『ものがたり円谷英二』（歴史春秋社、2001年）
『苦渋の洗濯?!』（アートン、2004年）
『ニホンを洗濯する　クリーニング屋さんの話』（駒草出版、2010年）
『さよなら』（駒草出版、2011年）

クリーニング業界《ぎょうかい》の裏側《うらがわ》

2018年1月30日　初版第1刷発行　　定価1800円＋税

著　者　鈴木和幸 ©
発行者　高須次郎
発行所　緑風出版
〒113-0033　東京都文京区本郷2-17-5　ツイン壱岐坂
［電話］03-3812-9420　［FAX］03-3812-7262［郵便振替］00100-9-30776
［E-mail］info@ryokufu.com［URL］http://www.ryokufu.com/
装　幀　斎藤あかね
制　作　R 企 画　　印　刷　中央精版印刷・巣鴨美術印刷
製　本　中央精版印刷　　用　紙　大宝紙業・中央精版印刷　　E1500

ISBN978-4-8461-1801-3　C0036